历代笔记小说大观

梦溪笔谈

[宋] 沈括 撰　施适 校点

图书在版编目(CIP)数据

梦溪笔谈 / (宋)沈括撰；施适校点. —上海：
上海古籍出版社，2015.12（2019.2 重印）
（历代笔记小说大观）
ISBN 978-7-5325-7837-5

Ⅰ.①梦… Ⅱ.①沈… ②施… Ⅲ.①笔记—中国—
北宋—选集 Ⅳ.①Z429.441

中国版本图书馆 CIP 数据核字(2015)第 246614 号

历代笔记小说大观

梦溪笔谈

[宋]沈 括 撰

施 适 校点

上海世纪出版股份有限公司
上 海 古 籍 出 版 社 出版
（上海瑞金二路 272 号 邮政编码 200020）
（1）网址：www.guji.com.cn
（2）E-mail：gujil @ guji.com.cn
（3）易文网网址：www.ewen.co
上海世纪出版股份有限公司发行中心发行经销
常熟新骅印刷有限公司印刷
开本 635×965 1/16 印张 15.5 插页 2 字数 216,000
2015 年 12 月第 1 版 2019 年 2 月第 5 次印刷
印数：6,801 -8,900
ISBN 978-7-5325-7837-5
I·2975 定价：25.00 元
如有质量问题，请与承印公司联系

校 点 说 明

 《梦溪笔谈》三十卷,其中《笔谈》二十六卷,《补笔谈》三卷,《续笔谈》一卷,北宋沈括著。沈括(1031—1095,一说1033—1097),字存中,杭州钱塘(今浙江杭州)人。出身于仕宦之家,幼年随父宦游各地。仁宗嘉祐八年(1063)进士及第,授扬州司理参军。神宗时参与熙宁变法,受王安石器重,历任太子中允、检正中书刑房、提举司天监、史馆检讨、三司使等职。元丰三年(1080),出知延州,兼任鄜延路经略安抚使,驻守边境,抵御西夏,后因永乐城之战牵连被贬。哲宗即位,准其迁居离故乡较近的秀州(今浙江嘉兴)。元祐三年(1088),沈括进献花费多年精力编制而成的《天下州县图》,得赐绢一百匹,朝廷又降旨允许他任便居住。此后,他移居润州,隐居梦溪园。哲宗绍圣二年(1095)病逝。

 据其《自序》云,沈括"予退处林下,深居绝过从,思平日与客言者,时纪一事于笔,则若有所晤言,萧然移日。所与谈者,唯笔砚而已,谓之'笔谈'",可见该书陆续写成于作者退休后直至去世的七八年中。《笔谈》内容,"圣谟国政及事近宫省,皆不敢私纪;至于系当日士大夫毁誉者,虽善亦不欲书,非止不言人恶而已,所录唯山间木荫率意谈噱,不系人之利害者,下至闾巷之言,靡所不有,亦有得于传闻者"。然以今天的眼光来看,涉猎极广。全书有十七目,凡六百余条,内容涉及天文、数学、物理、化学、生物等各个门类学科,被英国科学史家李约瑟博士誉为"中国科学史的里程碑",而沈括则是"中国整部科学史中最卓越的人物"。《梦溪笔谈》也因此与洪迈《容斋随笔》、王应麟《困学纪闻》并称宋代三大笔记。

本书校点，以清光绪陶氏爱庐本为底本，参校玉海堂本（玉海堂覆刻宋乾道二年扬州州学刊本）、《四部丛刊续编》本（商务印书馆影印明覆宋本）、元大德九年陈仁子东山书院刊本（文物出版社影印）、明万历商浚《稗海》刊本、明万历陈继儒《汇秘籍》刊本、明崇祯毛晋《津逮秘书》刊本、清嘉庆十年张海鹏《学津讨原》刊本等。本书校点，以尽量保存原貌为原则。原书中的引文和史实，已尽量与原书核对。底本中避讳字、俗体字、异体字及明显讹误的字，径改不出校。错字的改文，以原字加（ ）列于前，校改文字加〔 〕列于后，补文加〔 〕、衍文加（ ）示别。今人胡道静先生的《梦溪笔谈校证》《新校正梦溪笔谈》对《梦溪笔谈》一书用力至勤至深，其校语详细精审，本书择要录用了其成果，然因本书体例限制，无法一一说明。

《梦溪笔谈》原文无标号和标题，本书的标号和标题沿用了我社《梦溪笔谈全译》的标号和标题（系胡道静先生《梦溪笔谈校证》所编加）。

目　录

卷二

故事二

卷三

辩证一

卷四

辩证二

卷二十一

异事 异疾附

卷二十二

谬误 谲诈附

卷二十三

讥谑谬误附

卷二十四

杂志一

卷二十五

杂志二

卷二十六

药议

续笔谈

卷一

故 事 一

1. 亲 郊 庙 次 序

上亲郊,〔郊〕、庙册文皆曰"恭荐岁事"。先景灵宫,谓之"朝献";次太庙,谓之"朝飨";末乃有事于南郊。予集《郊式》时,曾预讨论,常疑其次序:若先为尊,则郊不应在庙后,若后为尊,则景灵宫不应在太庙之先。求其所从来,盖有所因。按唐故事,凡有事于上帝,则百神皆预,遣使祭告,唯太清宫、太庙则皇帝亲行,其册、祝皆曰"取某月某日有事于某所,不敢不告"。宫、庙谓之"奏告",余皆谓之"祭告",唯有事于南郊方为正祠。至天宝九载,乃下诏曰:"告者,上告下之词。今后太清宫宜称'朝献',太庙称'朝飨'。"自此遂失"奏告"之名,册文皆谓正祠。

2. 驾 头 扇 箑

正衙法座,香木为之,加金饰,四足,堕角,其前小偃,织藤冒之。每车驾出幸,则使老内臣马上抱之,曰"驾头"。辇后曲盖谓之"箑",两扇夹心,通谓之"扇箑",皆绣,亦有销金者,即古之华盖也。

3. 唐 翰 林 院

唐翰林院在禁中,乃人主燕居之所,玉堂、承明、金銮殿皆在其间。应供奉之人,自学士已下,工伎群官司隶籍其间者皆称"翰林",如今之翰林医官、翰林待诏之类是也。唯翰林茶酒司止称"翰林

"司"，盖相承阙文。

4. 学士院故事

唐制，自宰相而下，初命皆无宣召之礼，惟学士宣召。盖学士院在禁中，非内臣宣召，无因得入，故院门别设复门，亦以其通禁庭也。又学士院北扉者，为其在浴堂之南，便于应召。今学士初拜，自东华门入，至左承天门下马，待诏、院吏自左承天门双引至阁门，此亦用唐故事也。唐宣召学士自东门入者，彼时学士院在西掖，故自翰林院东门赴召，非若今之东华门也。至如挽铃故事，亦缘其在禁中，虽学士、院吏亦止于玉堂门外，则其严密可知。如今学士院在外，与诸司无异，亦设铃索，悉皆文具故事而已。

5. 玉　　堂

学士院玉堂，太宗皇帝曾亲幸，至今唯学士上日许正坐，他日皆不敢独坐。故事，堂中设视草台，每草制，则具衣冠据台而坐。今不复如此，但存空台而已。玉堂东承旨阁子窗格上有火燃处，太宗尝夜幸玉堂，时苏易简为学士，已寝，遽起，无烛具衣冠，宫嫔自窗格引烛入照之。至今不欲更易，以为玉堂一盛事。

6. 东西头供奉官

东、西头供奉官本唐从官之名。自永徽以后，人主多居大明宫，别置从官，谓之"东头供奉官"，西内具员不废，则谓之"西头供奉官"。

7. 供奉班序

唐制，两省供奉官东西对立，谓之"蛾眉班"。国初，供奉班于百官前横列。王溥罢相为东宫,一品班在供奉班之后,遂令供奉班依旧分立。庆历中,贾安公为中丞,以东西班对拜为非礼,复令横行。至今初叙班分立,百官班定乃转班横行,参罢复分立,百官班退乃出,参用旧制也。

8. 衣 冠 故 事

衣冠故事多无著令,但相承为例。如学士舍人蹑履见丞相、往还用平状、扣阶乘马之类,皆用故事也。近岁多用靴简。章子厚为学士日,因事论列,今则遂为著令矣。

9. 衣 冠 用 胡 服

中国衣冠,自北齐以来,乃全用胡服。窄袖绯绿短衣、长靿靴,有(鞢韄)〔蹀躞〕带,皆胡服也。窄袖利于驰射,短衣、长靿皆便于涉草。胡人乐茂草,常寝处其间,予使北时皆见之,虽王庭亦在深荐中。予至胡庭日,新雨过,涉草衣袴皆濡,唯胡人都无所沾。带衣所垂蹀躞,盖欲佩带弓剑、帉帨、算囊、刀砺之类,自后虽去蹀躞,而犹存其环,环所以衔蹀躞,如马之鞦根,即今之带銙也。天子必以〔十〕三环为节,唐武德、贞观时犹尔,开元之后虽仍旧俗,而稍褒博矣,然带钩尚穿带本为孔,本朝加顺折,茂人文也。

10. 幞 头

幞头一谓之"四脚",乃四带也,二带系脑后垂之,折带反系头上,令曲折附顶,故亦谓之"折上巾"。唐制,唯人主得用硬脚,晚唐方镇擅命,始僭用硬脚。本朝幞头有直脚、局脚、交脚、朝天、顺风,凡五等,唯直脚贵贱通服之。又庶人所戴头巾,唐人亦谓之"四脚",盖两脚系脑后,两脚系额下,取其服劳不脱也,无事则反系于顶上。今人不复系额下,两带遂为虚设。

11. 堂　　帖

唐中书指挥事谓之"堂帖"。(子)〔予〕曾见唐人堂帖,宰相签押,格如今之堂札子也。

12. 宣　　头

予及史馆检讨时,议〔枢〕密院札子问宣头所起。余按唐故事,中书舍人职掌语诏,皆写四本,一本为底、一本为宣,此"宣"谓行出耳,未以名书也。晚唐枢密使自禁中受旨出付中书,即谓之"宣"。中书承受,录之于籍,谓之"宣底"。今史馆中尚有故宣底二卷,如今之圣语簿也。梁朝初置崇政院,专行密命,至后唐庄宗,复枢密使,使郭崇韬、安重海为之,始分领政事,不关由中书直行下者谓之"宣",如中书之敕,小事则发头子、拟堂帖也。至今枢密院用宣及头子。本朝枢密院亦用札子,但中书札子宰相押字在上、次相及参政以次向下,枢密院札子枢长押字在下、副贰以次向上,以此为别,头子唯给驿马之类用之。

13. 引见仪制

百官于中书见宰相,九卿而下,即省吏高声唱一声"屈",则趋而入。宰相揖及进茶皆抗声赞(唱)〔喝〕,谓之"屈揖"。待制以上见则言"请某官",更不屈揖,临退仍进汤。皆于席南横设百官之位,升朝则坐,京官已下皆立。后殿引臣僚,则待制已上宣名拜舞,庶官但赞拜,不宣名、不舞蹈。中书略贵者,示与之抗也;上前则略微者,杀礼也。

14. 笼门谢

唐制,丞郎拜官即笼门谢。今三司副使已上拜官,则拜舞于阶上,百官拜于阶下而不舞蹈,此亦笼门故事也。

15. 槐 厅

学士院第三厅学士阁子当前有一巨槐，素号"槐厅"。旧传，居此阁者多至入相，学士争槐厅，至有抵彻前人行李而强据之者，余为学士时目观此事。

16. 带 坠

谏议班在知制诰上，若带待制则在知制诰下，从职也，戏语谓之"带坠"。

17. 三馆职事称学士

《集贤院记》：开元故事，校书官许称学士。今三馆职事皆称学士，用开元故事也。

18. 雌 黄 改 字

馆阁新书净本有误书处，以雌黄涂之。尝校改字之法，刮洗则伤纸，纸贴之又易脱，粉涂则字不没，涂数遍方能漫灭，唯雌黄一漫则灭，仍久而不脱。古人谓之"铅黄"，盖用之有素矣。

19. 五 司 厅

余为鄜延经略使日新一厅，谓之"五司厅"。延州正厅乃都督厅，治延州事；五司厅治鄜延路军事，如唐之使院也。五司者，经略、安抚、总管、节度、观察也。唐制，方镇皆带节度、观察、处置三使。今节度之职多归总管司，观察归安抚司，处置归经略司，其节度、观察两案并支掌推官、判官，今皆治州事而已。经略、安抚司不置佐官，以帅权不可更不专也。都总管、副总管、钤辖、都监同签书，而皆受经略使节制。

20. 银　台　司

银台司兼门下封驳，乃给事中之职，当隶门下省，故事乃隶枢密院。下寺监皆行札子，寺监具申状，虽三司亦言"上银台"。主判不以官品，初冬独赐翠毛锦袍，学士以上自从本品，行案用枢密院杂司人吏，主判食枢密厨，盖枢密院子司也。

21. 勘　　箭

大驾卤簿中有勘箭，如古之勘契也，其牡谓之"雄牡箭"，牝谓之"辟仗箭"。本胡法也，熙宁中罢之。

22. 馆　阁　藏　书

前世藏书分隶数处，盖防水火散亡也。今三馆、秘阁凡四处藏书，然同在崇文院，其间官书多为人盗窃，士大夫家往往得之。嘉祐中，置编校官八员，杂雠四馆书，给吏百人，悉以黄纸为大册写之，自此私家不敢辄藏。校雠累年，仅能终昭文一馆之书而罢。

23. 学　士　家　贫

旧翰林学士地势清切，皆不兼他务。文馆职任，自校理以上皆有职钱，唯内、外制不给。杨大年久为学士，家贫请外，表辞千余言，其间两联曰："虚忝甘泉之从臣，终作莫敖之馁鬼。从者之病莫兴，方朔之饥欲死。"

24. 学士院敕设不用女优

京师百官上日，唯翰林学士敕设用乐，他虽宰相亦无此礼，优伶并开封府点集。陈和叔除学士,时和叔知开封府,遂不用女优。学士院敕设不用女优,自和叔始。

25. 礼 部 试 士

礼部贡院试进士日,设香案于阶前,主司与举人对拜,此唐故事也。所坐设位供张甚盛,有司具茶汤饮浆。至试(经生)〔学究〕,则悉彻帐幕毡席之类,亦无茶汤,渴则饮砚水,人人皆黔其吻。非故欲困之,乃防毡幕及供应人私传所试经义,盖尝有败者,故事为之防。欧文忠有诗:"焚香礼进士,彻幕待经生。"以为礼数重轻如此,其实自有谓也。

26. 御试许详定官别立等

嘉祐中,进士奏名讫,未御试,京师妄传王俊民为状元,不知言之所起,人亦莫知俊民为何人。及御试,王荆公时为知制诰,与天章阁待制杨乐道二人为详定官。旧制,御试举人,设初考官先定等第,复弥〔封〕之,以送复考官再定等第,乃付详定官,发初考官所定等以对复考之等,如同即已,不同则详其程文,当从初考或从复考为定,即不得别立等。是时王荆公以初、复考所定第一人皆未允当,于行间别取一人为状首,杨乐道守法,以为不可,议论未决。太常少卿朱从道时为封弥官,闻之谓同舍曰:"二公何用力争,从道十日前已闻王俊民为状元,事必前定,二公恨自苦耳。"既而二人各以己意进禀,而诏从荆公之请,及发封乃王俊民也。详定官得别立等自此始,遂为定制。

27. 步 行 学 士

选人不得乘马入宫门。天圣中选人为馆职,始欧阳永叔、黄鉴辈皆自左掖门下马入馆,当时谓之"步行学士"。嘉祐中于崇文院置编校局,校官皆许乘马至院门。其后中书五房置习学公事官,亦缘例乘马赴局。

28. 御 前 卫 士

车驾行幸,前驱谓之"队",则古之清道也。其次卫仗,卫仗者视阑入宫门法,则古之外仗也。其中谓之"禁围",如殿中仗。天官"掌舍,无宫则供人门",今谓之"殿门"。(文)〔天〕武官,极天下长人之选八人,上御前殿则执钺立于紫宸门下,行幸则为禁围门,行于仗马之前。又有衡门十人、队长一人,选诸武力绝伦者为之,上御后殿,则执槌,东西对立于殿前,亦古之虎贲、人门之类也。

29. 后 唐 案 检

余尝购得后唐闵帝应顺元年案检一通,乃除宰相刘昫兼判三司堂检,前有拟状云:"具官刘昫。右,伏以刘昫经国才高,正君志切,方属体元之运,实资谋始之规。宜注宸衷,委司(判)〔邦〕计,渐期富庶,永赞圣明。臣等商量,望授依前中书侍郎兼吏部尚书、同中书门下平章事,充集贤殿大学士,兼判三司,散官、勋封如故,未审可否。如蒙允许,望付翰林降制处分。谨录奏闻。"其后有制书曰:"宰臣刘昫。右,可兼判三司公事,宜令中书、门下依此施行。付中书、门下。准此。四月十日。"用御前新铸之印,与今政府行遣稍异。本朝要事对禀,常事拟进入,画可然后施行,谓之"熟状"。事速不及待报,则先行下(具先行下),具制草奏知,谓之"进草"。熟状白纸书,宰相押字,他执政具姓名。进草则黄纸书,宰臣、执政皆于状背押字。堂检,宰、执皆不押,唯宰属于检背书日,堂吏书名用印。此拟状有词,宰相押检不印,此其为异也。大率唐人风俗,自朝廷下至郡县决事皆有词,谓之"判",则书判科是也。押检二人乃冯道、李愚也,状检瀛王亲笔,甚有改窜勾抹处。按《旧五代史》"应顺元年四月九日己卯,鄂王薨。庚辰,以宰相刘昫判三司",正是十日,与此检无差。宋次道记《开元宰相奏请》、郑畋《凤池稿草》、《拟状注制》集悉多用四六,皆宰相自草。今此拟状冯道亲笔,盖故事也。

30. 中 枢 官 印

旧制，中书、枢密院、三司使印并涂金。近制，三省、枢密院印用银为之，涂金，余皆铸铜而已。

卷二

故 事 二

31. 三司使班序

三司使班在翰林学士之上。旧制，权使即与正同，故三司使结衔皆在官职之上。庆历中，叶道卿为权三司使，执政有欲抑道卿者，降敕时移权三司使在职下结衔，遂立翰林学士之下，至今为例。后尝有人论列，结衔虽依旧，而权三司使初除，阁门取旨间有叙学士者，然不为定制。

32. 宗子授南班官

宗子授南班官，世传王文正太尉为宰相日始开此议，不然也。故事，宗子无迁官法，唯遇稀旷大庆，则普迁一官。景祐中，初定祖宗并配南郊，宗室欲缘大礼乞推恩，使诸王宫教授刁约草表上闻，后约见丞相王沂公，公问："前日宗室乞迁官表何人所为？"约未测其意，答以不知。归而思之，恐事穷且得罪，乃再诣相府，沂公问之如前，约愈恐，不复敢隐，遂以实对，公曰："无他，但爱其文词耳。"再三嘉奖，徐曰："已得旨，别有措置，更数日当有指挥。"自此遂有南班之授，近属自初除小将军，凡七迁则为节度使，遂为定制。诸宗子以千缣谢约，约辞不敢受。余与刁亲旧，刁尝出表稿以示余。

33. 大理法官亲节案

大理法官皆亲节案，不得使吏人。中书检正官不置吏人，每房给楷书一人录净而已。盖欲士人躬亲职事，格吏奸，兼历试人才也。

34.赐方团球带

太宗命创方团球带赐二府文臣，其后枢密使兼侍中张耆、王贻永皆特赐，李用和、曹郡王皆以元舅赐，近岁宣徽使王君贶以耆旧特赐，皆出异数，非例也。

35.凉　衫

近岁京师士人朝服乘马，以黪衣蒙之，谓之"凉衫"，亦古之遗法也，《仪礼》"朝服加景"是也，但不知古人制度、章色如何耳。

36.罢草制润笔

内外制凡草制除官，自给谏、待制以上皆有润笔物。太宗时立润笔钱数，降诏刻石于舍人院，每除官则移文督之，在院官下至吏人、院驺皆分沾。元丰中改立官制，内外制皆有添给，罢润笔之物。

37.直　官

唐制，官序未至而以他官权摄者为直官，如许敬宗为直记室是也。国朝学士、舍人皆置直院，熙宁中复置直舍人、学士院，但以资浅者为之，其实正官也。熙宁六年，舍人皆迁罢，阁下无人，乃以章子平权知制诰而不除直院者，以其暂摄也。古之兼官多是暂时摄领，有长兼者即同正官。余家藏海陵王墓志，谢朓文，称"兼中书侍郎"。

38.告喝打杖

三司、开封府、外州长官升厅事，则有衙吏前导告喝。国朝之制，在禁中唯三官得告,宰相告于中书、翰林学士告于本院、御史告于朝堂,皆用朱衣吏,谓之"三告官"。所经过处,阍吏以梃扣地警众,谓之"打杖子"。两府、亲王自殿门打至本司及上马处,宣徽使打于本院,三司使、知开封府打于本司。近岁寺、监长官亦打,非故事。前宰相赴朝亦有特旨许张盖、打杖子者,系临时指挥。执丝梢鞭入内,自三司副使以上,副使唯乘紫丝暖座。从人队长持破木梃,自待制以上。近岁寺、监长官持藤杖,非故事也。百官仪范,著令之外,诸家所记尚有遗者,虽至猥细,亦一时仪物也。

39. 异姓兼中书令

国朝未改官制以前,异姓未有兼中书令者,唯赠官方有之。元丰中,曹郡王以元舅特除兼中书令,下度支给俸,有司言:"自来未有活中书令请受则例。"

40. 百官会集坐次

都堂及寺观百官会集,坐次多出临时。唐以前故事皆不可考,唯颜真卿与左仆射、定襄郡王郭英乂书云:"宰相、御史大夫、两省五品、供奉官自为一行,十二卫大将军次之;三师、三公、令仆、少师、保傅、尚书左右丞、侍郎自为一行,九卿、三监对之,从古以来未尝参错。"此亦略见当时故事,今录于此以备阙文。

41. 罢赐功臣号

赐功臣号始于唐德宗奉天之役,自后藩镇下至从军资深者,例赐功臣。本朝唯以赐将相。熙宁中,因上皇帝尊号,宰相率同列面请三四,上终不允,曰:"徽号正如卿等功臣,何补名实?"是时吴正宪为首相,乃请止功臣号,从之,自是群臣相继请罢,遂不复赐。

卷三

辩　证　一

42. 古 今 衡 制

钧石之石，五权之名，石重百二十斤。后人以一斛为一石，自汉已如此，"饮酒一石不乱"是也。挽蹶弓弩，古人以钧石率之，今人乃以粳米一斛之重为一石。凡石者，以九十二斤半为法，乃汉秤三百四十一斤也。今之武卒蹶弩有及九石者，计其力乃古之二十五石，比魏之武卒，人当二人有余；弓有挽三石者，乃古之三十四钧，比颜高之弓，人当五人有余。此皆近岁教养所成，以至击刺驰射皆尽夷夏之术，器仗铠胄极今古之工巧，武备之盛，前世未有其比。

43. 些

楚词《招魂》尾句皆曰"些"苏个反，今夔、峡、湖、湘及南、北江獠人，凡禁呪句尾皆称"些"，此乃楚人旧俗，即梵语"萨噂诃"也，萨音桑葛反，噂无可反，诃从去声。三字合言之即"些"字也。

44. 阳　燧

阳燧照物皆倒，中间有碍故也，算家谓之"格术"。如人摇橹，臬为之碍故也。若鸢飞空中，其影随鸢而移，或中间为窗隙所束，则影与鸢遂相违，鸢东则影西，鸢西则影东。又如窗隙中楼塔之影，中间为窗所束，亦皆倒垂，与阳燧一也。阳燧面洼，以一指迫而照之则正，渐远则无所见，过此遂倒，其无所见处正如窗隙、橹臬，腰鼓碍之，本末相格，遂成摇橹之势，故举手则影愈下，下手则影愈上，此其可见。阳燧面洼，向日照之，光皆聚向内。离镜一二寸，光聚为一点，大如麻菽，著物则火发，此则腰鼓最细处也。岂特物为然，人亦如是，中间不为物碍者鲜矣。小则利害相易、是非相反，大则以己为物、以物为己，不求去碍而欲见不颠倒，难矣哉！《酉阳杂俎》谓"海翻则塔影倒"，此妄说也。影入窗隙则倒，乃其常理。

45. 正 阳 之 月

先儒以日食正阳之月止谓四月，不然也。正、阳乃两事，正谓四月，阳谓十月，"岁（月）〔亦〕阳止"是也。《诗》有"正月繁霜"、"十月之交，朔（日）〔月〕辛卯，日有食之，亦孔之丑"二者，此先王所恶也。盖四月纯阳，不欲为阴所侵；十月纯阴，不欲过而干阳也。

46. 高祖玄孙之服

余为《丧服后传》书成，熙宁中欲重定五服敕而余预讨论。雷、郑之学阙谬固多，其间高祖、玄孙一事尤为无义。《丧服》但有曾祖齐衰（五）〔三〕月、（远曾）〔曾孙〕缌麻三月，而无高祖、玄孙服，先儒皆以谓"服同曾祖、曾孙，故不言可推而知"，或曰"经之所不言则不服"，皆不然也。曾，重也。由祖而上者皆曾祖也，由孙而下者皆曾孙也，虽百世可也，苟有相逮者则必为服丧三月，故虽成王之于后稷亦称曾孙，而祭礼祝文无远近皆曰曾孙。礼所谓"以五为九"者，谓旁亲之杀也。上杀、下杀至于九，旁杀至于四，而皆谓之族，族昆弟父母、族祖父母、族曾祖父母。过此则非其族也，非其族则为之无服。唯正统不以族名，则是无绝道也。

47. 诗赋渎慢舜妃

旧传黄陵二女，尧子舜妃。以二帝道化之盛始于闺房，则二女当具任、姒之德。考其年岁，帝舜陟方之时二妃之齿已百岁矣，后人诗骚所赋皆以女子待之，语多渎慢，皆礼义之罪人也。

48. 謻　门

历代宫室中有謻门，盖取张衡《东京赋》“謻门曲榭”也，说者谓冰室门。按字训“謻，别也”，《东京赋》但言别门耳，故以对“曲榭”，非有定处也。

49. 水名漳洛之意

水以漳名、洛名者最多，今略举数处。赵、晋之间有清漳、浊漳，当阳有漳水，(灨)〔赣〕上有漳水，鄣郡有漳江，漳州有漳浦，亳州有漳水，安州有漳水；洛中有洛水，北地郡有洛水，沙县有洛水。此概举一二耳，其详不能具载。余考其义，乃清浊相蹂者为漳。章者，文也、别也。漳谓两物相合，有文章且可别也。清漳、浊漳合于上党，当阳则沮、漳合流，赣上则漳、(灨)〔湞〕合流，漳州余未曾目见，鄣郡则西江合流，亳漳则漳、涡合流，云梦则漳、郧合流。此数处皆清浊合流，色理如螮蝀，数十里方混。如璋亦从章。璋，王之左右之臣所执，《诗》云：“济济辟王，左右趣之。济济辟王，左右奉璋。”璋，圭之半体也，合之则成圭。王左右之臣，合体一心，趣乎王者也。又诸侯以(如聘)〔聘女〕，取其判合也；有事于山川，以其杀宗庙礼之半也。又牙璋以起军旅，先儒谓“有鉏牙之饰于剡侧”，不然也。牙璋，判合之器也，当于合处为牙，如今之合契。牙璋，牡契也，以起军旅，则其牝宜在军中，即虎符之法也。洛与落同义，谓水自上而下有投流处。今淝水、沱水，天下亦多，先儒皆自有解。

50. 巫　咸　河

解州盐泽方百二十里，久雨，四山之水悉注其中未尝溢，大旱未尝涸。卤色正赤，在版泉之下，俚俗谓之"蚩尤血"。唯中间有一泉乃是甘泉，得此水然后可以聚。又其北有尧梢音消水，亦谓之"巫咸河"。大卤之水，不得甘泉和之不能成盐，唯巫咸水入则盐不复结，故人谓之"无咸河"，为盐泽之患，筑大堤以防之，甚于备寇盗。原其理，盖巫咸乃浊水，入卤中则淤淀卤脉，盐遂不成，非有他异也。

51. 虎 豹 为 程

《庄子》云"程生马"，尝观文〔字〕〔子〕注："秦人谓豹曰程。"余至延州，人至今谓虎豹为"程"，盖言虫也。方言如此，抑亦旧俗也。

52. 流　沙

《唐六典》述五行，有"禄命"、"驿马"、"溠河"之目。人多不晓溠河之义。余在鄜延，见安南行营诸将阅兵马籍，有称"过范河损失"，问其何谓"范河"，乃越人谓淖沙为"范河"，北人谓之"活沙"。余尝过无定河，度活沙，人马履之百步之外皆动，澒澒然如人行幕上。其下足处虽甚坚，若遇其一陷，则人马驼车应时皆没，至有数百人平陷无孑遗者。或谓此即流沙也，又谓沙随风流谓之流沙。溠，字书亦作"堲"蒲滥反。按古文，堲，深泥也。术书有"溠河"者，盖谓陷运，如今之"空亡"也。

53. 芸草辟蠹

古人藏书辟蠹用芸。芸，香草也，今人谓之"七里香"者是也。叶类豌豆，作小丛生，其叶极芬香，秋后叶间微白如粉污，辟蠹殊验，南人采置席下能去蚤虱。余判昭文馆时曾得数株于潞公家，移植秘阁后，今不复有存者。香草之类大率多异名，所谓兰荪，荪即今菖蒲是也，蕙今零陵香是也，茝今白芷是也。

54. 三献异说

祭礼有腥、燖、熟三献。旧说以谓腥、燖备太古、中古之礼，余以为不然。先王之于死者，以之为无知则不仁，以之为有知则不智。荐可食之熟，所以为仁；不可食之腥、燖，所以为智。又一说，腥、燖以鬼道接之，馈食以人道接之，致疑也。或谓鬼神嗜腥、燖，此虽出于异说，圣人知鬼神之情状，或有此理，未可致诘。

55. 玄䊷之色

世以玄为浅黑色，䊷为赭玉，皆不然也。玄乃赤黑色，燕羽是也，故谓之玄鸟。熙宁中，京师贵人戚里多衣深紫色，谓之黑紫，与皂相乱，几不可分，乃所谓玄也。䊷，赭色也，"毳衣如䊷"音门。稯之䊷色者谓之䊷，䊷字音门，以其色命之也，《诗》"有䊷有苣"。今秦人音䊷，声之讹也。䊷色在朱黄之间，似乎赭，极光莹，掬之，粲泽熠熠如赤珠。此自是一色，似赭非赭。盖所谓䊷，色名也，而从玉，以其赭而泽，故以喻之也。犹鹢以色名而从鸟，以鸟色喻之也。

56. 灌 钢

世间锻铁所谓钢铁者，用柔铁屈盘之，乃以生铁陷其间，泥封炼之，锻令相入，谓之"团钢"，亦谓之"灌钢"。此乃伪钢耳，暂假生铁以为坚，二三炼则生铁自熟，仍是柔铁。然而天下莫以为非者，盖未识真钢耳。余出使，至磁州锻坊观炼铁，方识真钢。凡铁之有钢者，如面中有筋，灌尽柔面，则面筋乃见，炼钢亦然，但取精铁锻之百余火，每锻称之，一锻一轻，至累锻而斤两不减则纯钢也，虽百炼不耗矣。此乃铁之精纯者，其色清明，磨莹之则黯黯然青且黑，与常铁迥异。亦有炼之至尽而全无钢者，皆系地之所产。

57. 佩 觿

《诗》:"芄兰之支,童子佩觿。"觿,解结锥也。芄兰生荚支,出于叶间,垂之正如解结锥。所谓"佩鞢"者,疑古人为鞢之制,亦当与芄兰之叶相似,但今不复见耳。

58. 茅芧之辨

江南有小栗,谓之"茅栗"茅音草茅之茅。以余观之,此正所谓芧也,即《庄子》所谓"狙公赋芧"者芧音序。此文相近之误也。

59. 十八学士图真迹

余家有阎博陵画唐秦府十八学士,各有真赞,亦唐人书,多与旧史不同。姚柬字思廉,旧史姚思廉字简之。苏台、陆元朗、薛庄,《唐书》皆以字为名。李玄道、盖文达、于志宁、许敬宗、刘孝孙、蔡允恭,《唐书》皆不书字。房玄龄字乔年,《唐书》乃房乔字玄龄。孔颖达字颖达,《唐书》字仲达。苏典签名旭,《唐书》乃勖。许敬宗、薛庄官皆直记室,《唐书》乃摄记室。盖《唐书》成于后人之手,所传容有讹谬,此乃当时所记也。以旧史考之,魏郑公对太宗云"目如悬铃者佳",则玄龄果名,非字也。然苏世长,太宗召对玄武门,问云"卿何名长意短",后乃为学士,似为学士时方更名耳。

60. 中书植紫薇之非

唐贞观中,敕下度支求杜若,省郎以谢朓诗云"芳洲采杜若",乃责坊州贡之,当时以为嗤笑。至如唐故事,中书省中植紫薇花,何异坊州贡杜若?然历世循之不以为非。至今舍人院紫(薇)〔微〕微阁前植紫薇花,用唐故事也。

61. 汉 人 酿 酒

汉人有饮酒一石不乱，余以制酒法较之，每粗米二斛酿成酒六斛六斗。今酒之至醨者，每秫一斛不过成酒一斛五斗，若如汉法则粗有酒气而已，能饮者饮多不乱，宜无足怪。然汉之一斛亦是今之二斗七升，人之腹中亦何容置二斗七升水邪？或谓石乃钧石之石，百二十斤，以今秤计之当三十二斤，亦今之三斗酒也。于定国(饮)〔食〕酒数石不乱，疑无此理。

62. 阿 胶

古说济水伏流地中，今历下凡发地皆是流水，世传济水经过其下。东阿亦济水所经，取井水煮胶谓之"阿胶"，用搅浊水则清，人服之下膈、疏痰、止吐，皆取济水性趋下、清而重，故以治淤浊及逆上之疾。今医方不载此意。

63. 荣

余见人为文章多言"前荣"。荣者，夏屋东西序之外屋翼也，谓之"东荣"、"西荣"，四注屋则谓之"东霤"、"西霤"，未知前荣安在。

64. 宗庙之祭西向

宗庙之祭西向者，室中之祭也。藏主于西壁，以其生者之处奥也，即主祐而求之，所以西向而祭。至三献则尸出于室，坐于户西南面，此堂上之祭也。户西谓之宧，设宧于此。左户、右牖，户牖之间谓之宧。坐于户西，即当宧而坐也。上堂设位而亦东向者，设用室中之礼也。

65. 学 者 为 诗

"人而不为《周南》、《召南》,其犹正墙面而立也。"《周南》、《召南》,乐名也,"胥鼓〔《南》〕"、"以《雅》以《南》"是也。《关雎》、《鹊巢》,二《南》之诗,而已有乐有舞焉。学者之事,其始也学《周南》、《召南》,末至于舞《大夏》、《大武》。所谓"为《周南》、《召南》"者,不独诵其诗而已。

66. 野 马

《庄子》言"野马也,尘埃也",乃是两物。古人即谓野马为尘埃,如吴融云"动梁间之野马",又韩偓云"窗里日光飞野马",皆以尘为野马,恐不然也。野马乃田野间浮气耳,远望如群羊,又如水波,佛书谓"如热时野马阳焰",即此物也。

67. 蒲 芦

蒲芦,说者以为蜾蠃,疑不然。蒲芦即蒲苇耳,故曰:"人道敏政,地道敏树。夫政犹蒲芦也。"人之为政犹地之艺蒲苇,遂之而已,亦行其所无事也。

68. 秦汉以前度量

余考乐律,及受诏改铸浑仪,求秦、汉以前度量斗升,计六斗当今一斗七升九合,秤三斤当今十三两,一斤当今四两三分两之一,一两当今六铢半。为升中方,古尺二寸五分十分分之三,今尺一寸八分百分分之四十五强。

69. 太 一 十 神

太一十神,一曰太一,次曰五福太一,三曰天一太一,四曰地一

105.《抛球曲》

海州士人李慎言，尝梦至一处水殿中，观宫女戏球。山阳蔡绳为之传，叙其事甚详。有《抛球曲》十余阕，词皆清丽，今独记两阕："侍燕黄昏（晓）〔晚〕未休，玉阶夜色月如流。朝来自觉承恩醉，笑倩旁人认绣球。""堪恨隋家几帝王，舞裀揉尽绣鸳鸯。如今重到抛球处，不是金炉旧日香。"

106.《广陵散》

《卢氏杂说》："韩皋谓嵇康琴曲有《广陵散》者，以王（陵）〔凌〕、毌丘俭辈皆自广陵败散，言魏散亡自广陵始，故名其曲曰《广陵散》。"以余考之，"散"自是曲名，如操、弄、掺、淡、序、引之类，故潘岳《笙赋》："辍张女之哀弹，流广陵之名散。"又应璩《与刘孔才书》云："听广陵之清散。"知"散"为曲名明矣。或者康借此名以谏讽时事，"散"取曲名，"广陵"乃其所命，相附为义耳。

107.篴

马融《笛赋》云"裁以当篴便易持"，李善注谓："篴，马策也。裁笛以当马篴，故便易持。"此谬说也，笛安可为马策？篴，管也，古人谓乐之管为"篴"，故潘岳《笙赋》云："修篴内辟，余（萧）〔箫〕外透。""裁以当篴"者，余器多裁众篴以成音，此笛但裁一篴，五音皆具。当篴之工不假繁猥，所以便而易持也。

108.笛

笛有雅笛、有羌笛，其形制所始，旧说皆不同。《周礼》："笙师掌教篪篴。"或云汉武帝时丘仲始作笛，又云起于羌人。后汉马融所赋长笛,空洞无底,剡其上,孔五,孔一(孔)出其背,正似今之尺八,李善为之注云:"七孔,长一尺四寸。"此乃今之横笛耳,太常鼓吹部中谓之"横吹",非融之所赋者。融赋云:"《易》京君明识音律,故本四孔加以一。君明所加孔后出,是谓商声五音毕。"沈约《宋书》亦云:"京房备其五音。"《周礼·笙师》注:"杜子春云:'篴乃今时所吹五空竹篴。'"以融、约所记论之,则古篴不应有五孔,则子春之说亦未为然。今《三礼图》画篴亦横设而有五孔,又不知出何典据。

109. 琴　　材

琴虽用桐,然须多年木性都尽,声始发越。予曾见唐初路氏琴,木皆枯朽,殆不胜指,而其声愈清。又尝见越人陶道真畜一张越琴,传云古冢中败棺杉木也,声极劲挺。吴僧智和有一琴,瑟瑟徽碧,纹石为轸,制度、音韵皆臻妙,腹有李阳冰篆数十字,其略云:"南滇岛上得一木,名伽陀罗,纹如银屑,其坚如石,命工斲为此琴。"篆文甚古劲。琴材欲轻、松、脆、滑,谓之四善,木坚如石可以制琴,亦所未谕也。《投荒录》云:"琼管多乌㜷、呿陀,皆奇木。"疑伽陀罗即呿陀也。

110. 《虞美人操》

高邮人桑景舒性知音,听百物之声悉能占其灾福,尤善乐律。旧传有虞美人草,闻人作《虞美人》曲则枝叶皆动,他曲不然。景舒试之诚如所传,乃详其曲声,曰:"皆吴音也。"他日取琴,试用吴音制一曲,对草鼓之,枝叶亦动,乃谓之《虞美人操》。其声调与《虞美人》曲全不相近,始末无一声相似者,而草辄应之与《虞美人》曲无异者,律法同管也,其知(者)〔音〕臻妙如此。景舒进士及第,终于州县官。今《虞美人操》盛行于江湖间,人亦莫知其如何为吴音。

卷六

乐　律　二

111. 管 色 定 弦

前世遗事,时有于古人文章中见之。元稹诗有"琵琶宫调八十一,三调弦中弹不出",琵琶共有八十四调,盖十二律各七均,乃成八十四调,稹诗言八十一调,人多不喻所谓。余于金陵丞相家得唐贺怀智琵琶谱一册,其序云:"琵琶八十四调,内黄钟、太蔟、林钟宫声弦中弹不出,须管色定弦,其余八十一调皆以此三调为准,更不用管色定弦。"始喻稹诗言。如今之调琴,须先用管色合字定宫弦,乃以宫弦下生徵,徵弦上生商,上下相生,终于少商。凡下生者隔二弦,上生者隔一弦取之,凡弦声皆当如此。古人仍须以金石为准,《商颂》"依我磬声"是也。今人苟简,不复以弦管定声,故其高下无准,出于临时。怀智琵琶谱调格与今乐全不同,唐人乐学精深,尚有雅律遗法,今之燕乐,古声多亡而新声大率皆无法度,乐工自不能言其义,如何得其声和?

112. 音 声 高 下

今教坊燕乐比律高二均弱,合字比太蔟微下,却以凡字当宫声,比宫之清宫微高。外方乐尤无法,(求)〔大〕体又高教坊一均以来,唯北狄乐声比教坊乐下二均。大凡北人衣冠文物多用唐俗,此乐疑亦唐之遗声也。

113. 燕乐无蕤宾律

今之燕乐二十八调布在十一律,唯黄钟、中吕、林钟三律各具宫、商、角、羽四音，其余或有一调至二三调，独蕤宾一律都无。内中管仙吕调乃是蕤宾声，亦不正当本律。其间声音出入，亦不全应古法，略可配合而已。如今之中吕宫却是古夹钟宫，南吕宫乃古林钟宫，今林钟商乃古无射宫，今大吕调乃古林钟羽，虽国工亦莫能知其所因。

114. 今古声律差异

十二律并清宫当有十六声，今之燕乐止有十五声。盖今乐高于古乐二律以下，故无正黄钟声，只以合字当，大吕犹差高，当在大吕、太蔟之间，下四字近太蔟，高四字近夹钟，下一字近姑洗，高一字近中吕，上字近蕤宾，勾字近林钟，尺字近夷则，〔下〕工字近南吕，高工字近无射，下凡字近应钟，下凡字为黄钟清，高凡字为大吕清，下五字为太蔟清，高五字为夹钟清。法虽如此，然诸调杀声不能尽归本律，故有偏杀、侧杀、寄杀、元杀之类，虽与古法不同，推之亦皆有理，知声者皆能言之，此不备载也。

115. 同 声 相 应

古法钟磬每虡十六，乃十六律也，然一虡又自应一律，有黄钟之虡、有大吕之虡，其他乐皆然。且以琴言之，虽皆清实，其间有声重者、有声轻者，材中自有五音，故古人名琴，或谓之清徵，或谓之清角。不独五音也，又应诸调。余友人家有一琵琶，置之虚室，以管色奏双调，琵琶弦辄有声应之，奏他调则不应，宝之以为异物。殊不知此乃常理，二十八调但有声同者即应，若遍二十八调而不应，则是逸调声也。古法一律有七音，十二律共八十四调，更细分之尚不止八十四，逸调至多，偶在二十八调中，人见其应则以为怪，此常理耳。此声学至要妙处也，今人不知此理，故不能极天地至和之声。世之乐工，弦上音调尚不能知，何暇及此。

105.《抛球曲》

海州士人李慎言，尝梦至一处水殿中，观宫女戏球。山阳蔡绳为之传，叙其事甚详。有《抛球曲》十余阕，词皆清丽，今独记两阕："侍燕黄昏〔晓〕〔晚〕未休，玉阶夜色月如流。朝来自觉承恩醉，笑倩旁人认绣球。""堪恨隋家几帝王，舞裀揉尽绣鸳鸯。如今重到抛球处，不是金炉旧日香。"

106.《广陵散》

《卢氏杂说》："韩皋谓嵇康琴曲有《广陵散》者，以王（陵）〔凌〕、毌丘俭辈皆自广陵败散，言魏散亡自广陵始，故名其曲曰《广陵散》。"以余考之，"散"自是曲名，如操、弄、掺、淡、序、引之类，故潘岳《笙赋》："辍张女之哀弹，流广陵之名散。"又应璩《与刘孔才书》云："听广陵之清散。"知"散"为曲名明矣。或者康借此名以谏讽时事，"散"取曲名，"广陵"乃其所命，相附为义耳。

107. 篪

马融《笛赋》云"裁以当篪便易持"，李善注谓："篪，马策也。裁笛以当马篪，故便易持。"此谬说也，笛安可为马策？篪，管也，古人谓乐之管为"篪"，故潘岳《笙赋》云："修篪内辟，余（萧）〔箫〕外透。""裁以当篪"者，余器多裁众篪以成音，此笛但裁一篪，五音皆具。当篪之工不假繁猥，所以便而易持也。

108. 笛

笛有雅笛、有羌笛，其形制所始，旧说皆不同。《周礼》："笙师掌教篪箎。"或云汉武帝时丘仲始作笛，又云起于羌人。后汉马融所赋长笛,空洞无底,刿其上,孔五,孔一(孔)出其背,正似今之尺八,李善为之注云:"七孔,长一尺四寸。"此乃今之横笛耳,太常鼓吹部中谓之"横吹",非融之所赋者。融赋云:《易》京君明识音律,故本四孔加以一。君明所加孔后出,是谓商声五音毕。"沈约《宋书》亦云:"京房备其五音。"《周礼·笙师》注:"杜子春云:'篴乃今时所吹五空竹篴。'"以融、约所记论之,则古篴不应有五孔,则子春之说亦未为然。今《三礼图》画篴亦横设而有五孔,又不知出何典据。

109. 琴　　材

琴虽用桐,然须多年木性都尽,声始发越。予曾见唐初路氏琴,木皆枯朽,殆不胜指,而其声愈清。又尝见越人陶道真畜一张越琴,传云古冢中败棺杉木也,声极劲挺。吴僧智和有一琴,瑟瑟徽碧,纹石为轸,制度、音韵皆臻妙,腹有李阳冰篆数十字,其略云:"南滇岛上得一木,名伽陀罗,纹如银屑,其坚如石,命工斸为此琴。"篆文甚古劲。琴材欲轻、松、脆、滑,谓之四善,木坚如石可以制琴,亦所未谕也。《投荒录》云:"琼管多乌瀮、哖陀,皆奇木。"疑伽陀罗即哖陀也。

110.《虞美人操》

高邮人桑景舒性知音,听百物之声悉能占其灾福,尤善乐律。旧传有虞美人草,闻人作《虞美人》曲则枝叶皆动,他曲不然。景舒试之诚如所传,乃详其曲声,曰:"皆吴音也。"他日取琴,试用吴音制一曲,对草鼓之,枝叶亦动,乃谓之《虞美人操》。其声调与《虞美人》曲全不相近,始末无一声相似者,而草辄应之与《虞美人》曲无异者,律法同管也,其知(者)〔音〕臻妙如此。景舒进士及第,终于州县官。今《虞美人操》盛行于江湖间,人亦莫知其如何为吴音。

卷六

乐　律　二

111. 管　色　定　弦

前世遗事，时有于古人文章中见之。元稹诗有"琵琶宫调八十一，三调弦中弹不出"，琵琶共有八十四调，盖十二律各七均，乃成八十四调，稹诗言八十一调，人多不喻所谓。余于金陵丞相家得唐贺怀智琵琶谱一册，其序云："琵琶八十四调，内黄钟、太蔟、林钟宫声弦中弹不出，须管色定弦，其余八十一调皆以此三调为准，更不用管色定弦。"始喻稹诗言。如今之调琴，须先用管色合字定宫弦，乃以宫弦下生徵，徵弦上生商，上下相生，终于少商。凡下生者隔二弦，上生者隔一弦取之，凡弦声皆当如此。古人仍须以金石为准，《商颂》"依我磬声"是也。今人苟简，不复以弦管定声，故其高下无准，出于临时。怀智琵琶谱调格与今乐全不同，唐人乐学精深，尚有雅律遗法，今之燕乐，古声多亡而新声大率皆无法度，乐工自不能言其义，如何得其声和？

112. 音　声　高　下

今教坊燕乐比律高二均弱，合字比太蔟微下，却以凡字当宫声，比宫之清宫微高。外方乐尤无法，〔求〕〔大〕体又高教坊一均以来，唯北狄乐声比教坊乐下二均。大凡北人衣冠文物多用唐俗，此乐疑亦唐之遗声也。

113. 燕乐无蕤宾律

今之燕乐二十八调布在十一律，唯黄钟、中吕、林钟三律各具宫、商、角、羽四音,其余或有一调至二三调,独蕤宾一律都无。内中管仙吕调乃是蕤宾声,亦不正当本律。其间声音出入,亦不全应古法,略可配合而已。如今之中吕宫却是古夹钟宫,南昌宫乃古林钟宫,今林钟商乃古无射宫,今大吕调乃古林钟羽,虽国工亦莫能知其所因。

114. 今古声律差异

十二律并清宫当有十六声,今之燕乐止有十五声。盖今乐高于古乐二律以下,故无正黄钟声,只以合字当,大吕犹差高,当在大吕、太蔟之间,下四字近太蔟,高四字近夹钟,下一字近姑洗,高一字近中吕,上字近蕤宾,勾字近林钟,尺字近夷则,〔下〕工字近南昌,高工字近无射,下凡字近应钟,下凡字为黄钟清,高凡字为大吕清,下五字为太蔟清,高五字为夹钟清。法虽如此,然诸调杀声不能尽归本律,故有偏杀、侧杀、寄杀、元杀之类,虽与古法不同,推之亦皆有理,知声者皆能言之,此不备载也。

115. 同声相应

古法钟磬每虡十六,乃十六律也,然一虡又自应一律,有黄钟之虡、有大吕之虡,其他乐皆然。且以琴言之,虽皆清实,其间有声重者、有声轻者,材中自有五音,故古人名琴,或谓之清徵,或谓之清角。不独五音也,又应诸调。余友人家有一琵琶,置之虚室,以管色奏双调,琵琶弦辄有声应之,奏他调则不应,宝之以为异物。殊不知此乃常理,二十八调但有声同者即应,若遍二十八调而不应,则是逸调声也。古法一律有七音,十二律共八十四调,更细分之尚不止八十四,逸调至多,偶在二十八调中,人见其应则以为怪,此常理耳。此声学至要妙处也,今人不知此理,故不能极天地至和之声。世之乐工,弦上音调尚不能知,何暇及此。

卷七

象 数 一

116.《奉元历》

开元《大衍历》法最为精密,历代用其朔法,至熙宁中考之,历已后(失)〔天〕五十余刻,而前世历官皆不能知。《奉元历》乃移其闰朔,熙宁十年天正元用午时,新历改用子时,闰十二月改为闰正月。四夷朝贡者用旧历,比(来)〔未〕款塞,众论谓气至无显验可据,因此以摇新历。事下有司考定,凡立冬暑景与立春之景相若者也,今二景短长不同,则知天正之气偏也,凡移五十余刻,立冬、立春之景方停。以此为验,论者乃屈,元会使人亦至,历法遂定。

117. 太 阳 过 宫

六壬天十二辰,亥曰"徵明"为正月将,戌曰"天魁"为二月将。古人谓之"合神",又谓之"太阳过宫"。"合神"者,正月建寅合在亥、二月建卯合在戌之类;"太阳过宫"者,正月日躔诹訾、二月日躔降娄之类。二说一也,此以《颛帝历》言之也。今则分为二说者,盖日度随黄道岁差。今太阳至雨水后方躔诹訾、春分后方躔降娄,若用合神,则须自立春日便用亥将、惊蛰便用戌将。今若用太阳则不应合神,用合神则不应太阳。以理推之,发课皆用月将加正时,如此则须当从太阳过宫,若不用太阳躔次,则当日当时日月五星、支干、二十八宿皆不应天行,以此决知须用太阳也。然尚未是尽理,若尽理言之,并月建亦须移易,缘目今斗杓昏刻已不当月建,须当随黄道岁差。今则雨水后一日方合建寅,春分后四日方合建卯,谷雨后五日方合建辰,如此始与太阳相符,复会为一说。然须大改历法,事事厘正,如东方苍龙七宿当起于亢、终于斗,南方朱鸟七宿起于(牛)〔东井〕、终于(奎)〔角〕,西方白虎七宿起于娄、终于(舆鬼)〔参〕,北方玄武七宿起于(东井)〔牛〕、终于(角)〔奎〕,如此历法始正,不止六壬而已。

118. 六壬十二辰之名

六壬天十二辰之名,古人释其义曰:"正月阳气始建,呼召万物,故曰徵明。二月物生根魁,故曰天魁。三月华叶从根而生,故曰从魁。四月阳极无所传,故曰传送。五月草木茂盛,逾于初生,故曰胜先。六月万物小盛,故曰小吉。七月百谷成实,自能任持,故曰太一。八月枝条坚刚,故曰天刚。九月木可为枝干,故曰太冲。十月万物登成,可以会计,故曰功曹。十一月月建在子,君复其位,故曰大吉。十二月为酒醴以报百神,故曰神后。"此说极无稽据义理。余按,徵明者,正月三阳始兆于地上,见龙在田,天下文明,故曰徵明。天魁者,斗魁第一星也,斗魁第一星抵于戌,故曰天魁。从魁者,斗魁第二星也,斗魁第二星抵于酉,故曰从魁。斗杓一星建方,斗魁二星建方,一星抵戌,一星抵酉。传送者,四月阳极将退,一阴欲生,故传阴而送阳也。小吉,夏至之气大往小来,小人道长,小人之吉也,故为婚姻酒食之事。胜先者,王者向明而治,万物相见乎此,莫胜莫先焉。太一者,太微垣所在,太一所居也。天刚者,斗刚之所建也。斗杓谓之刚,苍龙第一星亦谓之亢,与斗刚相直。太冲者,日、月、五星所出之门户,天之冲也。功曹者,十月岁功成而会计也。大吉者,冬至之气小往大来,君子道长,大人之吉也,故主文武大臣之事。十二月子位北方之中,上帝所居也,神后,帝君之称也。天十二辰也,故皆以天事名之。

119. 天空非神将

六壬有十二神将,以义求之,止合有十一神将。贵人为之主,其前有五将，谓螣蛇、朱雀、六合、勾陈、青龙也，此木、火之神在方左者；方左谓寅、卯、辰、巳、午。其后有五将，谓天后、太阴、玄武、太常、白虎也，此金、水之神在方右者。方右谓未、申、酉、亥、子。唯贵人对相无物，如日之在天，月对则亏，五星对则逆行避之，莫敢当其对，贵人亦然，莫有对者，故谓之天空。空者，无所有也，非神将也，犹月杀之有月空也。以之占事，吉凶皆空，唯求对见及有所伸理于君者遇之乃吉。十一将，前二火、二木、一土间之，后当二金、二水、一土间之。玄武合在后二，太阴合在后三，今二神差互，理似可疑也。

120. 释　　辰

〔天〕事以辰名者为多，皆本于辰巳之"辰"，今略举数事。十二支谓之"十二辰"，一时谓之"一辰"，一日谓之"一辰"，日、月、星谓之"三辰"，北极谓之"北辰"，大火谓之"大辰"，五星中有辰星，〔五行之时谓之"五辰"，《书》曰"抚于五辰"是也，已上〕皆谓之辰。今考子、丑至于戌、亥谓之十二辰者，《左传》云"日月之会是谓辰"，一岁日月十二会，〔则十二辰也。日月之所舍始〕于东方，苍龙角、亢之舍起于辰，故以所首者名之。子、丑、戌、亥既谓之"辰"，则十二支、十二时皆子、丑、戌、亥，则谓之"辰"无疑也。一日谓之"一辰"者，以十二支言也，以十干言之谓之"今日"，以十二支言之谓之"今辰"，故支干谓之"日辰"。日、月、星谓之"三辰"者，日、月、星至于辰而毕见，以其所见者名之，故皆谓之"辰"。四时所见有早晚，至辰则四时毕见，故日加辰为"晨"，谓日始出之时也。星有三类，一经星，北极为之长；二舍星，大火为之长；三行星，辰星为之长，故皆谓之辰。北辰居其所而众星拱之，故为经星之长。大火，天王之座，故为舍星之长。辰星，日之近辅，远乎日不过一辰，故为行星之长。

121. 五 行 生 成 数

《洪范》五行数自一至五，先儒谓之此五行生数，各益以土数以为成数，以谓五行非土不成，故水生一而成六，火生二而成七，木生三而成八，金生四而成九，土生五而成十，合之为五十有五。唯《黄帝素问》土生数五，成数亦五，盖水、火、木、金皆待土而成，土更无所待，故止一五而已。画而为图，其理可见。为之图者，设木于东，设金于西，火居南，水居北，土居中央，四方自为生数，各并中央之土以为成数，土自居其位更无所并，自然止有五数，盖土不须更待土而成也，合五行之数为五十则大衍之数也。此亦有理。

122. 揲 蓍 之 法

揲蓍之法，四十九蓍聚之则一，而四十九隐于一中；散之则四十九，而一隐于四十九中。一者道也，谓之无则一在，谓之有则不可取；四十九者用也，静则归于一，动则惟睹其用，一在其间而不可取，此所谓"大衍之数五十，其用四十有九"。

123. 天 数 之 微

世之谈数者盖得其粗迹，然数有甚微者，非恃历所能知，况此但迹而已，至于感而遂通天下之故者，迹不预焉，此所以前知之神，未易可以迹求，况得其粗也。余之所谓甚微之迹者，世之言星者恃历以知之，历亦出乎亿而已，余于《奉元历》序论之甚详。治平中金、火合于轸，以《崇玄》、《宣明》(景福)、《明》、《崇》、《钦天》凡十一家大历步之悉不合，有差三十日以上者，历岂足恃哉？纵使在其度，然又有行黄道之里者、行黄道之外者，行黄道之上者、行黄道之下者，有循度者、有失度者，有犯经星者、有犯客星者，所占各不同，此又非历之能知也。又一时之间天行三十余度，总谓之一宫，然时有始末，岂可三十度间阴阳皆同，至交他宫则顿然差别？

世言星历难知，唯五行时日为可据，是亦不然。世之言五行消长者，止是知一岁之间，如冬至后日行盈度为阳、夏至后日行缩度为阴、二分行平度，殊不知一月之中自有消长，望前月行盈度为阳、望后月行缩度为阴、两弦行平度,至如春木、夏火、秋金、冬水,一月之中亦然。不止月中,一日之中亦然,《素问》云"疾在肝,寅、卯患,申、西剧;病在心,巳、午患,子、亥剧",此一日之中自有四时也,安知一时之间无四时,安知一刻、一分、一刹那之中无四时邪,又安知十年、百年、一纪、一会、一元之间又岂无大四时邪? 又如春为木,九十日间当霭霭消长,不可三月三十日亥时属木,明日子时顿属火也。似此之类,亦非世法可尽者。

124. 步 岁 之 法

历法步岁之法,以冬至斗建所抵,至明年冬至所得辰刻衰秒,谓之"斗分"。故"岁"文从步、从戌,戌者斗魁所抵也。

125. 斗 建 岁 差

正月寅、二月卯谓之"建",其说谓斗杓所建。不必用此说,但春为寅、卯、辰,夏为巳、午、未,理自当然,不须因斗建也,缘斗建有岁差。盖古人未有岁差之法,《颛帝历》冬至日宿(斗)〔牛〕初,今宿斗六度;古者正月斗杓建寅,今则正月建丑矣。又岁与岁合,今亦差一辰,《尧典》曰"日短星昴",今乃日短星东壁。此皆随岁差移也。

126. 落 下 闳 历 法

《唐书》云:"落下闳造历,自言后八百年当差一算。至唐,一行僧出而正之。"此妄说也。落下闳历法极疏,盖当时以为密耳,其间阙略甚多,且举二事言之。汉世尚未知黄道岁差,至北齐(向)〔张〕子信方候知岁差。今以今古历校之,凡八十余年差一度,则闳之历八十年自已差一度,兼余分疏阔,据其法推气朔五星,当时便不可用,不待八十年,乃曰"八百年差一算",太欺诞也。

127. 观 测 极 星

天文家有浑仪,测天之器,设于崇台以候垂象者,则古玑衡是也;浑象,〔象〕天之器,以水激之或以水银转之,置于密室,与天行相符,张衡、陆绩所为及开元中置于武成殿者皆此器也。皇祐中,礼部试"玑衡正天文之器赋",举人皆杂用浑象事,试官亦自不晓,第为高等。

汉以前皆以北辰居天中,故谓之"极星",自祖暅以玑衡考验天极,不动处乃在极星之末犹一度有余。熙宁中,余受诏典领历官,杂考星历,以玑衡求极星,初夜在窥管中,少时复出,以此知窥管小,不能容极星游转,乃稍稍展窥管候之,凡历三月,极星方游于窥管之内常见不隐,然后知天极不动处远极星犹三度有余。每极星入窥管别画为一图,图为一圆规,乃画极星于规中,具初夜、中夜、后夜所见各图之,凡为二百余图,极星方常循圆规之内,夜夜不差。余于熙宁历奏议中叙之甚详。

128. 刻 漏

古今言刻漏者数十家,悉皆疏缪。历家言暑漏者,自《颛帝历》至今,见于世谓之大历者凡二十五家,其步漏之术皆未合天度。余占天候景,以至验于仪象,考数下漏凡十余年,方粗见真数,成书四卷,谓之《熙宁暑漏》,皆非袭蹈前人之迹。其间二事尤微,一者,下漏家常患冬月水涩、夏月水利,以为水性如此,又疑冰澌所壅,万方理之终不应法。余以理求之,冬至日行速,天运(巳)〔未〕期而日已过表,故百刻而有余;夏至日行迟,天运(未)〔巳〕期而日(巳)〔未〕至表,故不及百刻。既得此数,然后复求暑景、漏刻莫不吻合,此古人之所未知也。二者,日之盈缩,其消长以渐,无一日顿殊之理,历法皆以一日之气短长之中者播为刻分,累损益气初日衰,每日消长常同,至交一气则顿易刻衰,故黄道有觚而不圆，纵有强为数以步之者，亦非乘理用算，而多形、数相诡。大凡物有定形，形有真数。方圆端斜，定形也；乘除相荡，无所附益，泯然冥会者，真数也。其术可以心得，不可以言喻。黄道环天正圆，圆之为体，循之则其妥至均，不均不能中规衡；绝之则有舒有数，无舒数则不能成妥。以圆法相荡而得衰，则衰无不均；以妥法相荡而得差，则差有疏数。相因以求从，相消以求负，从、负相入，会一术以御日行。以言其变，则秒刻之间消长未尝同；以言其齐，则止用一衰，循环无端，终始如贯，不能议其隙。此圆法之微，古之言算者有所未知也。以日衰生日积，（及）〔反〕生日衰，终始相求，迭为宾主，顺循之以索日变，衡别之求去极之度，合散无迹，泯如运规，非深知造算之理者不能与其微也。其详具余奏议，藏在史官及余所著《熙宁晷漏》四卷之中。

129. 二 十 八 宿

予编校昭文书时预详定浑天仪，官长问余："二十八宿多者三十三度，少者止一度，如此不均何也？"予对曰："天事本无度，推历者无以寓其数，乃以日所行分天为三百六十五度有奇。日平行三百六十五日有余而一期天，故以一日为一度。既分之，必有物记之，然后可窥而数，于是以当度之星记之。循黄道，日之所行一期，当者止二十八宿星而已，度如伞橑，当度谓正当伞橑上者，故车盖二十八弓以象二十八宿，则余浑仪奏议所谓"度不可见，可见者星也。日、月、五星之所由有星焉，当度之画者凡二十有八，谓之舍。舍所以挈度，所以生数也"。今所谓'距度星'者是也。非不欲均也，黄道所由当度之星止有此而已。"

130. 日 月 之 形

又问予以："日、月之形如丸邪，如扇也？若如丸，则其相遇岂不相碍？"余对曰："日、月之形如丸。何以知之？以月盈亏可验也。月本无光，犹银丸，日耀之乃光耳。光之初生，日在其旁，故光侧而所见才如钩；日渐远则斜照，而光稍满如一弹丸。以粉涂其半，侧视之则粉处如钩，对视之则正圆，此有以知其如丸也。日、月，气也，有形而无质，故相值而无碍。"

131. 日 月 蚀

又问："日、月之行，(日)〔月〕一合一对，而有蚀、不蚀，何也？"余对曰："黄道与月道如二环相叠而小差，凡日、月同在一度相遇则日为之蚀，(正)〔在〕一度相对则月为之亏。虽同一度而月道与黄道不相近，自不相侵；同度而又近黄道、月道之交，日、月相值，乃相凌掩。正当其交处则蚀而既，不全当交道则随其相犯浅深而蚀。凡日蚀，当月道自外而交入于内，则蚀起于西南、复于东北；自内而交出于外，则蚀起于西北而复于东南。日在交东则蚀其内，日在交西则蚀其外，蚀既则起于正西、复于正东。凡月蚀，月道自外入内，则蚀起于东南、复于西北；自内出外，则蚀起于东北而复于西南。月在交东则蚀其外，月在交西则蚀其内，蚀既则起于正东、复于西。交道每月退一度余，凡二百四十九交而一期，故西天法罗睺、计都皆逆步之，乃今之交道也。交初谓之'罗睺'，交中谓之'计都'。"

132. 三 代 旧 术

古之卜者皆有繇辞，《周礼》"三兆，其颂皆千有二百"，如"凤凰于飞，和鸣锵锵"、"间于两社，为公室辅"、"专之渝，攘公之𫝀，一熏一莸，十年尚犹有臭""如鱼窥尾，衡流而方羊，裔焉，大国灭之，将亡，阖门塞窦，乃自后逾""大横庚庚，予为天王，夏启以光"之类是也，今此书亡矣。汉人尚视其体，今人虽视其体而专以五行为主，三代旧术莫有传者。

133. 月 行 迟 速

北齐(向)〔张〕子信候天文，凡月前有星则行速，星多则尤速。月行自有迟速定数,然遇行(者)〔疾〕者其前必有星,如子信说,亦阴阳相感自相契耳。

134. 物理有常有变

医家有五运六气之术,大则候天地之变、寒暑风雨、水旱螟蝗率皆有法,小则人之众疾亦随气运盛衰,今人不知所用而胶于定法,故其术皆不验。假令厥阴用事,其气多风,民病湿泄,岂溥天之下皆多风、溥天之民皆病湿泄邪?至于一邑之间而旸雨有不同者,此气运安在?欲无不谬,不可得也。大凡物理有常、有变,运气所主者常也,异夫所主者皆变也,常则如本气,变则无所不至而各有所占,故其候有从、逆、淫、郁、胜、复、太过、不足之变,其发皆不同。若厥阴用事,多风而草木荣茂,此之谓“(是)〔从〕”;天气明絜,燥而无风,此之谓“逆”;太虚埃昏,流水不冰,此之谓“淫”;大风折木,云物浊扰,此之谓“郁”;山泽焦枯,草木凋落,此之谓“胜”;大暑燔燎,螟蝗为灾,此之谓“复”;山崩地震,埃昏时作,此之谓“太过”;阴森无时,重云昼昏,此之谓“不足”。随其所变,疾(厉)〔疠〕应之,皆视当时、当处之候,虽数里之间,但气候不同而所应全异,岂可胶于一定?熙宁中,京师久旱,祈祷备至,连日重阴,人谓必雨,一日骤晴,炎日赫然,余时因事入对,上问雨期,余对曰:“雨候已见,期在明日。”众以谓频日晦溽尚且不雨,如此旸燥岂复有望?次日果大雨。是时湿土用事,连日阴者从气已效,但为厥阴所胜,未能成雨,后日骤晴者燥金入候,厥阴当折则太阴得伸,明日运气皆顺,以是知其必雨。此亦当处所占也,若他处候别,所占亦异,其造微之妙间不容发。推此而求,自臻至理。

135. 岁运主客气

岁运有主气、有客气,常者为主,外至者为客。初之气厥阴以至终之气太阳者,四时之常序也,故谓之“主气”。唯客气本书不载其目,故说者多端,或以甲子之岁天数始于水(十)〔下〕一刻、乙丑之岁始于二十六刻、丙寅岁始于五十一刻、丁卯岁始于七十六刻者,谓之"客气",此乃四分历法求大寒之气,何预岁运?又有"相火之下,水气承之"、"土位之下,风气承之",谓之"客气",此亦主气也,与六节相须,不得为客。大率臆计,率皆此类。凡所谓客者,岁半以前天政主之,岁半以后地政主之,四时常气为之主,天、地之政为之客。逆主之气为害暴,逆客之气为害徐,调其主、客无使伤沴,此治气之法也。

136. 六气配六神

六气,方家以配六神。所谓青龙者,东方厥阴之气,其性仁、其神化、其色青、其形长、其虫鳞,兼是数者,唯龙而青者可以体之,然未必有是物也。其他取象皆如是。唯北方有二,曰玄武,太阳水之气也;曰螣蛇,少阳相火之气也。其在于人为肾,肾亦二,左为太阳水、右为少阳相火,火降而息水,水腾而为雨露,以滋五脏,上下相交,此坎离之交以为否泰者也,故肾为寿命之藏;左阳、右阴,左右相交,此乾坤之交以生六子者也,故肾为胎育之脏。中央太阴土曰勾陈,中央之取象唯人为宜,勾陈者天子之环卫也,居人之中,莫如君,何以不取象于君?君之道无所不在,不可以方言也。环卫居人之中央而中虚者也,虚者妙万物之地也,在天文,星辰皆居四旁而中虚,八卦分布八方而中虚,不虚不足以妙万物。其在于人,勾陈之配则脾也。勾陈如环,环之中则所谓黄庭也,黄者中之色,庭者宫之虚地也。古人以黄庭为脾,不然也。黄庭有名而无所,冲气之所在也,脾不能与也,脾主思虑,非思之所能到也。故养生家曰能守黄庭则能长生,黄庭者以无所守为守,唯无所守乃可以长生。或者又谓黄庭在二肾之间,又曰在心之下,又曰黄庭有神人守之,皆不然。黄庭者,虚而妙者也,强为之名,意可到则不得谓之虚,岂可求而得之也哉?

137. 数理得之自然

《易》象九为老阳、七为少,八为少阴、六为老。旧说阳以进为老、阴以退为老，九、六者乾坤之画，阳得兼阴，阴不得兼阳。此皆以意配之，不然也。九七、八六之数，阳顺、阴逆之理，皆有所从来，得之自然，非意之所配也。凡归余之数有多、有少，多为阴，如爻之偶；少为阳，如爻之奇。三少，乾也，故曰老阳，九揲而得之，故其数九，其策三十有六；两多一少，则一少为之主，震、坎、艮也，故皆谓之少阳，_{少在初为震、中为坎、末为艮。}皆七揲而得之，故其数七，其策二十有八。三多，坤也，故曰老阴，六揲而得之，故其数六，其策二十有四；两少一多，则多为之主，巽、离、兑也，故皆谓之少阴，_{多在初为巽、中为离、末为兑。}皆八揲而得之，故其数八，其策三十有二。物盈则变，_{纯少阳盈，纯多阴盈。}盈为老，故老动而少静。吉凶悔吝，生乎动者也，卦爻之辞皆九、六者，惟动则有占，不动则无朕，虽《易》亦不能言之，《国语》谓"贞屯悔豫皆八"、"遇泰之八"是也。今人以《易》筮者，虽不动亦引爻辞断之。《易》中但有九、六，既不动则是七、八，安得用九、六爻辞？此流俗之过也。

138. 郑夬《易》说

江南人郑夬曾为一书谈《易》，其间一说曰："乾、坤，大父母也；复、姤，小父母也。乾一变生复，得一阳；坤一变生姤，得一阴。乾再变生临，得二阳；坤再变生遁，得二阴。乾三变生泰，得四阳；坤三变生否，得四阴。乾四变生大壮，得八阳；坤四变生观，得八阴。乾五变生夬，得十六阳；坤五变生剥，得十六阴。乾六变生_(未济)〔归妹〕，本得三十二阳；坤六变生_(归妹)〔渐〕，本得三十二阴。乾、坤错综，阴阳各三十二，生六十四卦。"夬之为书皆荒唐之论，独有此变卦之说，未知其是非。余后因见兵部侍郎秦君玠，论夬所谈，骇然叹曰："夬何处得此法？玠曾遇一异人授此数历，推往古兴衰运历无不皆验，常恨不能尽得其术。西都邵雍亦知大略，已能洞吉凶之变。此人乃形之于书，必有天谴，此非世人得闻也。"余闻其言怪，兼复甚秘，不欲深诘之。今夬与雍、玠皆已死，终不知其何术也。

139. 旧历日月蚀不效

庆历中有一术士姓李，多巧思，尝木刻一舞钟馗，高二三尺，右手持铁简，以香饵置钟馗左手中，鼠缘手取食，则左手扼鼠、右手用简毙之。以献荆王，王馆于门下，会太史言月当蚀于昏时，李自云有术可禳，荆王试使为之，是夜月果不蚀，王大神之，即日表闻，诏付内侍省问状，李云："本善历术，知《崇天历》蚀限太弱，此月所蚀当在浊中，以微贱不能自通，始以机巧干荆邸，今又假禳禬以动朝廷耳。"诏送司天监考验，李与判监楚衍推步日、月蚀，遂加蚀限二刻，李补司天学生。至熙宁元年七月（日）〔月〕辰蚀东方，不效，却是蚀限太强，历官皆坐谪。令监官周琮重修，复减去庆历所加二刻，苟欲求熙宁（日）〔月〕蚀而庆历之蚀复失之，议久纷纷，卒无巧算，遂废《明天》复行《崇天》。至熙宁五年卫朴造《奉元历》，始知旧蚀法止用日平度，故在疾者过之，在迟者不及，《崇》、《明》二历加减皆不曾求其所因，至是方究其失。

140. 朱雀取象

四方取象苍龙、白虎、朱雀、腾蛇，唯朱雀莫知何物，但谓鸟而朱者。羽族赤而翔上，集必附木，此火之象也。或谓之"长离"，盖云离方之长耳。或云鸟即凤也，故谓之"凤鸟"。少昊以凤鸟至，乃以鸟纪官，则所谓丹鸟氏即凤也。又旗旐之饰皆二物，南方曰鸟隼，则鸟、隼盖两物也。然古人取象不必大物也，天文家朱鸟乃取象于鹑，故南方朱鸟七宿曰鹑首、鹑火、鹑尾是也。鹑有两种，有丹鹑、有白鹑，此丹鹑也，色赤黄而文，锐上秃下，夏出秋藏，飞必附草，皆火类也。或有鱼所化者。鱼，鳞虫龙类，火之所自生也。天文东方苍龙七宿有角、亢、有尾，南方朱鸟七宿有喙、有嗉、有翼而无尾，此其取于鹑欤？

141. 候　气

司马彪《续汉书》候气之法，于密室中以木为案，置十二律管各如其方，实以葭灰，覆以缇縠，气至则一律飞灰。世皆疑其所置诸律方不逾数尺，气至独本律应，何也？或谓古人自有术，或谓短长至数冥符造化，或谓支干方位自相感召，皆非也。盖彪说得其略耳，唯《隋书》志论之甚详，其法先治一室令地极平，乃埋律管皆使上齐，入地则有浅深。冬至阳气距地面九寸而止，唯黄钟一管达之，故黄钟为之应；正月阳气距地面八寸而止，自太蔟以上皆达，黄钟、大吕先已虚，故唯太蔟一律飞灰。如人用针彻其经渠，则气随针而出矣。地有疏密，则不能无差忒，故先以木案隔之，然后实土案上令坚密均一，其上以水平其概，然后埋律其下，虽有疏密，为木案所节其气自平，但在调其案上之土耳。

142. 纳　甲

《易》有纳甲之法，未知起于何时，予尝考之，可以推见天地胎育之理。乾纳甲、壬，坤纳乙、癸者，上下包之也；震、巽、坎、离、艮、兑纳庚、辛、戊、己、丙、丁者，六子生于乾、坤之包中，如物之处胎甲者。左三刚爻，乾之气也；右三柔爻，坤之气也。乾之初爻交于坤生震，故震之初爻纳子、午；乾〔之〕初爻子、午故也。中爻交于坤生坎，初爻纳寅、申；震纳子、午，顺传寅、申，〔易〕〔阳〕道顺。上爻交于坤生艮，初爻纳辰、戌。亦顺传也。坤之初爻交于乾生巽，故巽之初爻纳丑、未；坤之初爻丑、未故也。中爻交于乾生离，初爻纳卯、酉；巽纳丑、未，逆传卯、酉，阴道逆。上爻交于乾生兑，初爻纳巳、亥。亦逆传也。乾、坤始于甲、乙，则长男、长女乃其次，宜纳丙、丁；少男、少女居其末，宜纳庚、辛。今乃反此者，卦必自下生，先初爻、次中爻，末乃至上爻，此《易》之序，然亦胎育之理也。物之处胎甲莫不倒生，自下而生者卦之序，而冥合造化胎育之理，此至理合自然者也。凡草木百谷之实皆倒生，首系于干，其上抵于（颖）〔隶〕处反是根，人与鸟兽生胎亦首皆在下。

卷八

象　数　二

143.《史记》律数多讹

　　《史记·律书》所论二十八舍、十二律多皆臆配，殊无义理。至于言数亦多差舛，如所谓律数者"八十一为宫，五十四为徵，七十二为商，四十八为羽，六十四为角"，此止是黄钟一均耳，十二律各有五音，岂得定以此为律数？如五十四在黄钟则为徵，在夹钟则为角，在中吕则为商。兼律有多寡之数、有实积之数、有短长之数、有周径之数、有清浊之数，其八十一、五十四、七十二、四十八、六十四止是实积数耳。又云"黄钟长八寸七分一，大吕长七寸五分三分一，太蔟长七寸七分二，夹钟长六寸〔二〕〔一〕分三分一，姑洗长六寸七分四，中吕长五寸九分三分二，蕤宾长五寸六分〔二〕〔三〕分一，林钟长五寸七分四，夷则长五寸四分三分二，南吕长四寸七分八，无射长四寸四分三分二，应钟长四寸二分三分二"，此尤误也。此亦实积耳，非律之长也。盖其间字又有误者，疑后人传写之失也。余分下分（数目）〔母〕，凡"七"字皆当作"十"字，误屈其中画耳。黄钟当作"八寸十分一"，太蔟当作"七寸十分二"，姑洗当作"六寸十分四"，林钟作"五寸十分四"，南吕当作"四寸十分八"，凡言"七分"者皆是"十分"。

144.卜筮用古书

　　今之卜筮皆用古书，工拙系乎用之者，唯其寂然不动，乃能通天下之故。人未能至乎无心也，则凭物之无心者而言之，如灼龟甓瓦，皆取其无心，则不随理而震，此近乎无心也。

145. 术 数 之 微

吕才为卜宅、禄命、卜葬之说，皆以术为无验。术之不可恃，信然，而不知彼皆寓也，神而明之，存乎其人，故一术二人用之则所占各异。人之心本神，以其不能无累，而寓之以无心之物，而以吾之所以神者言之，此术之微，难可(以)〔与〕俗人论也。才又论：“人姓或因官，或因邑族，岂可配以宫、商？”此亦是也。如今姓敬者，或更姓文，或更姓苟，以文考之皆非也。敬本从(苟)〔茍〕音亟、从攴，今乃谓之苟与文，五音安在哉？此为无义，不待远求而知也。然既谓之寓，则苟以为字皆寓也，凡视听思虑所及无不可寓者。若以此为妄，则凡祸福、吉凶、死生变化孰为非妄者？能齐乎此，然后可与论先知之神矣。

146. 黄赤道与月道

历法，天有黄、赤二道，月有九道。此皆强名而已，非实有也，亦犹天之有三百六十五度，天何尝有度？以日行三百六十五日而一期，强为之度，以步日、月、五星行次而已。日之所由谓之“黄道”，南北极之中度最均处谓之“赤道”，月行黄道之南谓之“朱道”，行黄道之北谓之“黑道”，行黄道之东谓之“青道”，行黄道之西谓之“白道”，黄道内、外各四，并黄道为九。日、月之行有迟、有速，难可以一术御也，故因其合散分为数段，每段以一色名之，欲以别算位而已，如算法用赤筹、黑筹以别正、负之数。历家不知其意，遂以为实有九道，甚可嗤也。

147. 二十八宿度数

二十八宿，为其有二十八星当度，故立以为宿。前世测候每为改变,如《唐书》测得毕有十七度半、觜只有半度之类,皆谬说也。星既不当度,自不当用为宿次,自是浑仪度距疏密不等耳。凡二十八宿度数皆以赤道为法,唯黄道度有不全度者,盖黄道有斜、有直,故度数与赤道不等,即须以当度星为宿。唯虚宿末有奇数,自是日之余分,历家取以为斗分者此也,余宿则不然。

148. 修历当重实测

予尝考古今历法五星行度,唯留逆之际最多差。自内而进者其退必向外,自外而进者其退必由内,其迹如循柳叶,两末锐,中间往还之道相去甚远。故两末星行成度稍迟,以其斜行故也;中间成度稍速,以其径绝故也。历家但知行道有迟速,不知道径又有斜直之异。熙宁中予领太史令,卫朴造历,气朔已正,但五星未有候簿可验,前世修历,多只增损旧历而已,未曾实考天度。其法须测验每夜昏、晓、夜半月及五星所在度秒,置簿录之,满五年,其间剔去云阴及昼见日数外,可得三年实行,然后以算（日）〔术〕缀之,古所谓“缀术”者此也。是时司天历官皆承世族,隶名食禄,本无知历者,恶朴之术过己,群沮之,屡起大狱,虽终不能摇朴,而候簿至今不成。《奉元历》五星步术但增损旧历,正其甚谬处,十得五六而已。朴之历术今古未有,为群历人所沮不能尽其艺,惜哉!

149. 测 候 之 弊

国朝置天文院于禁中,设漏刻、观天台、铜浑仪皆如司天监,与司天监互相检察。每夜天文院具有无谪见云物祯祥及当夜星次,须令于皇城门未发前到禁中,门发后司天占状方到,以两司奏状对勘,以防虚伪。近岁皆是阴相计会,符同写奏,习以为常,其来已久,中外具知之,不以为怪。其日、月、五星行次,皆只据小历所算（缠）〔躔〕度誊奏,不曾占候,有司但备员安禄而已。熙宁中予领太史,尝按发其欺,免官者六人,未几其弊复如故。

150. 更 造 浑 仪

　　司天监铜浑仪，景德中历官韩显符所造，依仿刘曜时孔挺、晁崇、斛兰之法，失于简略。天文院浑仪，皇祐中冬官正舒易简所造，乃用唐梁令瓒、僧一行之法，颇为详备，而失于难用。熙宁中予更造浑仪，并创为玉壶、浮漏、铜表，皆置天文院，别设官领之，天文院旧铜仪送朝服法物库收藏，以备讲求。

卷九

人 事 一

151. 寇 忠 愍 镇 定

景德中河北用兵,车驾欲幸澶渊,中外之论不一,独寇忠愍赞成上意。乘舆方渡河,虏骑充斥,至于城下,人情汹汹,上使人微觇准所为,而准方酣寝于中书,鼻息如雷。人以其一时镇物,比之谢安。

152. 允 中 亭

武昌张谔好学能议论,常自约仕至县令则致仕而归,后登进士第,除中允,谔于所居营一舍,榜为"中允亭",以志素约也。后谔稍稍进用,数年间为集贤校理、直舍人院、检正中书五房公事、同判司农寺,皆要官,权任渐重,无何坐事夺数官,归武昌,未几捐馆,遂终于太子中允,岂非前定?

153. 打 关 节 秀 才

许怀德为殿帅,尝有一举人,因怀德乳姆求为门客,怀德许之,举子曳襕拜于庭下,怀德据座受之。人谓怀德武人,不知事体,密谓之曰:"举人无没阶之礼,宜少降接也。"怀德应之曰:"我得打乳姆关节秀才,只消如此待之。"

154. 夏文庄禀赋异人

夏文庄性豪侈，禀赋异于人，才睡即身冷而僵，一如逝者，既觉，须令人温之良久方能动。人有见其陆行，两车相连，载一物巍然，问之乃绵帐也，以数千两绵为之。常服仙茅、钟乳、硫黄，莫知纪极。晨朝每食钟乳粥，有小吏窃食之，遂发疽，几不可救。

155. 欧阳修黜新文

郑毅夫自负时名，国子监以第五人选，意甚不平，谢主司启词有"李广事业，自谓无双；杜牧文章，止得第五"之句，又云："骐骥已老，甘驽马以先之；巨鳌不灵，因顽石之在上。"主司深衔之。他日廷试，主司复为考官，必欲黜落以报其不逊。有试业似獬者，枉遭斥逐，既而发考卷，则獬乃第一人及第。

又嘉祐中士人刘几累为国学第一人，骤为怪崄之语，学者翕然效之，遂成风俗。欧阳公深恶之，会公主文，决意痛惩，凡为新文者一切弃黜，时体为之一变，欧阳之功也。有一举人论曰："天地轧，万物茁，圣人发。"公曰："此必刘几也。"戏续之曰："秀才刺，试官刷。"乃以大朱笔横抹之，自首至尾，谓之"红勒帛"，判大纰缪字榜之，既而果几也。复数年，公为御试考官而几在庭，公曰："除恶务力，今必痛斥轻薄子，以除文章之害。"有一士人论曰："主上收精藏明于冕旒之下。"公曰："吾已得刘几矣。"既黜，乃吴人萧稷也。是时试"尧舜性（之）〔仁〕赋"，有曰："故得静而延年，独高五帝之寿；动而有勇，形为四罪之诛。"公大称赏，擢为第一人，及唱名乃刘辉，人有识之者曰："此刘几也，易名矣。"公愕然久之，因欲成就其名，小赋有"内积安行之德，盖禀于天"，公以谓"积"近于学，改为"蕴"，人莫不以公为知言。

156. 贵 人 多 知 人

古人谓贵人多知人，以其阅人物多也。张邓公为殿中丞，王东城一见遂厚遇之，语必移时。王公素所厚唯杨大年，公有一茶囊，唯大年至则取茶囊具茶，他客莫与也，公之子弟但闻取茶囊，则知大年至。一日公命取茶囊，群子弟皆出窥大年，及至乃邓公，他日公复取茶囊，又往窥之，亦邓公也，子弟乃问公："张殿中者何人，公待之如此？"公曰："张有贵人法，不十年当据吾座。"后果如其言。

又文潞公为太常博士，通判兖州回，谒吕许公，公一见器之，问潞公："太博曾在东鲁，必当别墨。"令取一丸墨濒阶磨之，揖潞公就观此墨何如，乃是欲从后相其背，既而密语潞公曰："异日必大贵达。"即日擢为监察御史，不十年入相。潞公自庆历八年登相，至七十八岁以太师致仕，凡带平章事三十六年，未尝改易，名位隆重，福寿康宁，近世未有其比。

157. 德一而报效不同

王延政据建州，令大将章某守建州城，尝遣部将刺事于军前，后期当斩，惜其材，未有以处，归语其妻，其妻练氏有贤智，私使人谓部将曰："汝法当死，急逃乃免。"与之银数十两，曰："径行，无顾家也。"部将得以潜去，投江南李主，以隶查文徽麾下。文徽攻延政，部将适主是役，城将陷，先谕城中："能全练氏一门者有重赏。"练氏使人谓之曰："建民无罪，将军幸赦之。妾夫妇罪当死，不敢图生。若将军不释建民，妾愿先百姓死，誓不独生也。"词气感慨，发于至诚，不得已为之戢兵而入，一城获全。至今练氏为建安大族，官至卿相者相踵，皆练氏之后也。

又李景使大将胡则守江州，江南国下，曹翰以兵围之三年，城坚不可破，一日则怒一饔人鲙鱼不精，欲杀之，其妻遽止之曰："士卒守城累年矣，暴骨满地，奈何以一食杀士卒耶？"则乃舍之，此卒夜缒城走投曹翰，具言城中虚实。先是，城西南依嵯，素不设〔备〕，卒乃引王师自西南攻之，是夜城陷，胡则一门无遗类。二人者其为德一也，何其报效之不同？

158. 王文正局量宽厚

王文正太尉局量宽厚，未尝见其怒，饮食有不精洁者，但不食而已。家人欲试其量，以少埃墨投羹中，公唯啖饭而已，问其何以不食羹，曰："我偶不喜肉。"一日又墨其饭，公视之曰："吾今日不喜饭，可具粥。"其子弟愬于公曰："庖肉为饔人所私，食肉不饱，乞治之。"公曰："汝辈人料肉几何？"曰："一斤。今但得半斤食，其半为饔人所廋。"公曰："尽一斤可得饱乎？"曰："尽一斤固当饱。"曰："此后人料一斤半可也。"其不发人过皆类此。尝宅门坏，主者彻屋新之，暂于廊庑下启一门以出入，公至侧门，门低，据鞍俯伏而过，都不问，门毕复行正门，亦不问。有控马卒岁满辞公，公问："汝控马几时？"曰："五年矣。"公曰："吾不省有汝。"既去复呼回，曰："汝乃某人乎？"于是厚赠之。乃是逐日控马，但见背，未尝视其面，因去见其背方省也。

159. 石曼卿邻豪家

石曼卿居蔡河下曲，邻有一豪家，日闻歌钟之声。其家僮仆数十人，常往来曼卿之门，曼卿呼一仆问豪为何人，对曰："姓李氏，主人方二十岁，并无昆弟，家妓曳罗绮者数十人。"曼卿求欲见之，其人曰："郎君素未尝接士大夫，他人必不可见，然喜饮酒，屡言闻学士能饮酒，意亦似欲相见，待试问之。"一日果使人延曼卿，曼卿即著帽往见之，坐于堂上，久之方出。主人(著)〔者〕头巾，系勒帛，都不具衣冠，见曼卿全不知拱揖之礼。引曼卿入一别馆，供张赫然，坐良久，有二鬟妾各持一小盘至曼卿前，盘中红牙牌十余，其一盘是酒名，凡十余品，令曼卿择一牌；其一盘肴馔名，令择五品。既而二鬟去，有群妓十余人各执肴果、乐器，妆服、人品皆艳丽粲然，一妓酌酒以进，酒罢乐作，群妓执果肴者萃立其前，食罢则分列其左右，京师人谓之"软盘"。酒五行，群妓皆退，主人者亦翻然而入，略不揖客，曼卿独步而出。曼卿言豪者之状慒然愚呆，殆不分菽麦，而奉养如此，极可怪也。他日试使人通郑重，则闭门纳，亦无应门者，问其近邻，云："其人未尝与人往还，虽邻家亦不识面。"古人谓之"钱痴"，信有之。

160. 杜 五 郎

颍昌阳翟县有一杜生者,不知其名,邑人但谓之"杜五郎"。所居去县三十余里,唯有屋两间,其一间自居,一间其子居之,室之前有空地丈余,即是篱门,杜生不出篱门凡三十年矣。黎阳尉孙轸曾往访之,见其人颇萧洒,自陈:"村民无所能,何为见访?"孙问其不出门之因,其人笑曰:"以告者过也。"指门外一桑曰:"十五年前亦曾到此桑下纳凉,何谓不出门也?但无用于时,无求于人,偶自不出耳,何足尚哉?"问其所以为生,曰:"昔时居邑之南,有田五十亩,与兄同耕。后兄之子娶妇,度所耕不足赡,乃以田与兄,携妻子至此,偶有乡人借此屋,遂居之。唯与人择日,又卖一药,以具饘粥,亦有时不继。后子能耕,乡人见怜,与田三十亩,令子耕之尚有余力,又为人佣耕,自此食足。乡人贫,以医自给者甚多,自食既足,不当更兼乡人之利,自尔择日、卖药一切不为。"又问常日何所为,曰:"端坐耳,无可为也。"问颇观书否,曰:"二十年前亦曾观书。"问观何书,"曾有人惠一书册,无题号,其间多说《净名经》,亦不知《净名经》何书也。当时极爱其议论,今亦忘之,并书亦不知所在久矣。"气韵闲旷,言词(清)〔精〕简,有道之士也。盛寒,但布袍草履,屋中枵然,一榻而已。问其子之为人,曰:"村童也,然质性甚淳厚,未尝妄言,未尝嬉游,唯买盐酪则一至邑中,可数其行迹以待其归,径往径还,未尝旁游一步也。"余时方有军事,至夜半未卧,疲甚,与官属闲话,轸遂及此,不觉肃然,顿忘烦劳。

161. 耆 英 会

唐白乐天居洛,与高年者八人游,谓之"九老"。洛中士大夫至今居者为多,继而为九老之会者再矣。元丰五年文潞公守洛,又为耆(年)〔英〕会,人为一诗,命画工郑奂图于妙觉佛寺,凡十三人:守司徒致仕、韩国公富弼,年七十九;守太尉、判河南府、潞国公文彦博,年七十七；司封郎中致仕席汝言，年七十七；朝议大夫致仕王尚恭，年七十六；太常少卿致仕赵丙，年七十五；秘书监刘几，年七十五；卫州防御使冯行己，年七十五；太中大夫充天章阁待制楚建中，年七十三，朝议大夫致仕王慎言，年七十二；宣徽南院使、检校太尉、判大名府王拱辰，年七十一；太中大夫张问，年七十；龙图阁直学士、通议大夫张焘，年七十；端明殿学士兼翰林侍读学士、太中大夫司马光，年六十四。

162. 苏 合 香 酒

王文正太尉气羸多病，真宗面赐药酒一注瓶，令空腹饮之，可以和气血、辟外邪，文正饮之大觉安健，因对称谢，上曰："此苏合香酒也。每一斗酒以苏合香丸一两同煮，极能调五脏，却腹中诸疾，每冒寒夙兴则饮一杯。"因各出数榼赐近臣，自此臣庶之家皆仿为之，苏合香丸盛行于时。此方本出《广济方》，谓之"白术丸"，后人亦编入《千金》、《外台》，治疾有殊效，余于《良方》叙之甚详，然昔人未知用之。钱文僖公集《箧中方》，苏合香丸注云"此药本出禁中，祥符中尝赐近臣"，即谓此也。

163. 李士衡使高丽

李士衡为馆职使高丽，一武人为副，高丽礼币赠遗之物，士衡皆不关意，一切委于副使。时船底疏漏，副使者以士衡所得缣帛藉船底，然后实己物，以避漏湿。至海中遇大风，船欲倾覆，舟人大恐，请尽弃所载，不尔船重必难免，副使苍惶，悉取船中之物投之海中，更不暇拣择，约投及半，风息船定。既而点检所投皆副使之物，士衡所得在船底，一无所失。

164. 身 飨 其 用

刘美少时善锻金，后贵显，赐与中有上方金银器，皆刻工名，其间多有美所造者。又杨景宗微时常荷畚为丁晋公筑第,后晋公败,籍没其家,以第赐景宗。二人者,方其微贱时,一造上方器、一为宰相筑第,安敢自期身飨其用哉?

165. 举 人 班 列

旧制,天下贡举人到阙悉皆入对,数不下(二)〔三〕千人,谓之“群见”。远方士皆未知朝廷仪范,班列纷错,有司不能绳勒,觐见之日先设禁围于著位之前,举人皆拜于禁围之外,盖欲限其前列也。至有更相抱持以望黼座者,有司患之,近岁遂止令解头入见,然尚不减数百人。嘉祐中,余忝在解头,别为一班,最在前列,目见班中唯从前一两行稍应拜起之节,自余亦终不成班缀而罢,每为阁门之累。常言殿庭中班列不可整齐者唯有三色,谓举人、蕃人、骆驼。

166. 王方贽均杂税

两浙田税亩三斗,钱氏国除,朝廷遣王方贽均两浙杂税,方贽悉令亩出一斗。使还,责擅减税额,方贽以谓:“亩税一斗者天下之通法,两浙既已为王民,岂当复循伪国之法?”上从其说。至今亩税一斗者,自方贽始。唯江南、福建犹循旧额,盖当时无人论列,遂为永式。方贽寻除右司谏,终于京东转运使,有五子,皋、准、罩、巩、罕,准之子珪为宰相,其他亦多显者,岂惠民之报欤?

167. 孙 之 翰 却 砚

孙之翰,人尝与一砚,直三十千,孙曰:“砚有何异而如此之价也?”客曰:“砚以石润为贵,此石呵之则水流。”孙曰:“一日呵得一担水才直三钱,买此何用?”竟不受。

168. 王荆公固执

王荆公病喘,药用紫团山人参,不可得,时薛师政在河东还,适有之,赠公数两,不受,人有劝公曰:"公之疾非此药不可治,疾可忧,药不足辞。"公曰:"平生无紫团参亦活到今日。"竟不受。公面黧黑,门人忧之,以问医,医曰:"此垢污,非疾也。"进澡豆令公頮面,公曰:"天生黑于予,澡豆其如予何?"

169. 王子野不茹荤腥

王子野生平不茹荤腥,居之甚安。

170. 赵阅道为转运使

赵阅道为成都转运使,出行部内唯携一琴、一鹤,坐则看鹤、鼓琴。尝过青城山,遇雪舍于逆旅,逆旅之人不知其使者也,或慢狎之,公颓然鼓琴不问。

171. 孔旻爱人

淮南孔旻隐居笃行,终身不仕,美节甚高。尝有窃其园中竹,旻愍其涉水冰寒,为架一小桥渡之,推此则其爱人可知。然余闻之,庄子妻死鼓盆而歌,妻死而不辍鼓可也,为其死而鼓之,则不若不鼓之愈也。犹邴原耕而得金掷之墙外,不若管宁不视之愈也。

172. 狄青不附梁公

狄青为枢密使,有狄梁公之后,持梁公画像及告身十余通诣青献之,以谓青之远祖。青谢之曰:"一时遭际,安敢自比梁公?"厚有所赠而还之。比之郭崇韬哭子仪之墓,青所得多矣。

173. 郭 进 治 第

郭进有材略,累有战功。尝(刺)〔判〕邢州,今邢州城乃进所筑,其厚六丈,至今坚完,铠仗精巧,以至封贮亦有法度。进于城北治第,既成,聚族人、宾客落之,下至土木之工皆与。乃设诸工之席于东庑、群子之席于西庑,人或曰:"诸子安可与工徒齿?"进指诸工曰:"此造宅者。"指诸子曰:"此卖宅者,固宜坐造宅者下也。"进死,未几果为他人所有,今资政殿学士陈彦升宅乃进旧第东南一隅也。

174. 武 人 吟 诗

有一武人,忘其名,志乐闲放而家甚贫,忽吟一诗曰:"人生本无累,何必买山钱?"遂投檄去,至今致仕,尚康宁。

175. 向敏中耐官职

真宗皇帝时,向文简拜右仆射,麻下日,李昌武为翰林学士当对,上谓之曰:"朕自即位以来未尝除仆射,今日以命敏中,此殊命也,敏中应甚喜。"对曰:"臣今日早候对,亦未知宣麻,不知敏中何如。"上曰:"敏中门下今日贺客必多,卿往观之,明日却对来,勿言朕意也。"昌武候丞相归乃往见,丞相谢客,门阑悄然无一人,昌武与向亲,径入见之,徐贺曰:"今日闻降麻,士大夫莫不欢慰,朝野相庆。"公但唯唯,又曰:"自上即位未尝除端揆,此非常之命,自非勋德隆重、眷倚殊越,何以至此?"公复唯唯,终未测其意。又历陈前世为仆射者勋劳德业之盛、礼命之重,公亦唯唯,卒无一言。既退,复使人至庖厨中,问今日有无亲戚宾客、饮食宴会,亦寂无一人。明日再对,上问:"昨日见敏中否?"对曰:"见之。""敏中之意何如?"乃具以所见对,上笑曰:"向敏中大耐官职。"向文简拜仆射年月,未曾(著)〔考〕于国史。熙宁中,因见中书题名记"天禧元年八月,敏中加右仆射",然枢密院题名记"天禧元年二月,王钦若加(右)仆射"。

176.晏元献诚实

晏元献公为童子时,张文节荐之于朝廷,召至阙下,适值御试进士,便令公就试,公一见试题,曰:"臣十日前已作此赋,有赋草尚在,乞别命题。"上极爱其不隐。及为馆职时,天下无事,许臣寮择胜燕饮,当时侍从文馆士大夫各为燕集,以至市楼酒肆往往皆供帐为游息之地,公是时贫甚不能出,独家居与昆弟讲习。一日选东宫官,忽自中批除晏殊,执政莫谕所因,次日进复,上谕之曰:"近闻馆阁臣寮无不嬉游燕赏,弥日继夕,唯殊杜门与兄弟读书,如此谨厚,正可为东宫官。"公既受命得对,上面谕除授之意,公语言质野,则曰:"臣非不乐燕游者,直以贫,无可为之〔具〕,臣若有钱亦须往,但无钱不能出耳。"上益嘉其诚实,知事君体,眷注日深,仁宗朝卒至大用。

177.曹南院预讲边备

宝元中,忠穆王吏部为枢密使,河西首领赵元昊叛,上问边备,辅臣皆不能对,明日枢密四人皆罢,忠穆谪虢州。翰林学士苏仪甫与忠穆善,出城见之,忠穆谓仪甫曰:"毅之此行,前十年已有人言之。"仪甫曰:"必术士也。"忠穆曰:"非也。昔时为三司盐铁副使,疏决狱囚,至河北,是时曹南院自陕西谪官初起为定帅,毅至定,治事毕,玮谓毅曰:'决事已毕,自此当还,明日愿少留一日,欲有所言。'毅既爱其雄材,又闻欲有所言,遂为之留,明日具馔甚简俭,食罢屏左右,曰:'公满面权骨,不为枢辅即边帅,或谓公当作相,则不然也,然不十年必总枢柄。此时西方当有警,公宜预讲边备、搜阅人才,不然无以应卒。'毅曰:'四境之事唯公知之,幸以见教。'曹曰:'玮实知之,今当为公言。玮在陕西日,河西赵德明尝使人以马博易于中国,怒其息微,欲杀之,莫可谏止,德明有一子方十余岁,极谏不已,曰:以战马资邻国已是失计,今更以货杀边人,则谁肯为我用者?玮闻其言,私念之曰：此子欲用其人矣，是必有异志。闻其常往来牙市中，玮欲一识之，屡使人诱致之不可得，乃使善画者图形容，既至观之，真英物也。此子必须为边患，计其时节正在公秉政之日，公其勉之。'骥是时殊未以为然，今知其所画乃元昊也，皆如其言也。"四人，夏守赟、骥、陈执中、张观。康定元年二月，守赟加节度，罢为南院，骥、执中、观各守本官罢。

178. 石 曼 卿 豪 饮

　　石曼卿喜豪饮，与布衣刘潜为友，尝通判海州，刘潜来访之，曼卿迎之于石闼堰，与潜剧饮，中夜酒欲竭，顾船中有醋斗余，乃倾入酒中并饮之，至明日酒、醋俱尽。每与客痛饮，露发跣足，著械而坐，谓之"囚饮"；饮于木杪，谓之"巢饮"；以稿束之，引首出饮，复就束，谓之"鳖饮"，其狂纵大率如此。廨后为一庵，常卧其间，名之曰"扪虱庵"，未尝一日不醉。仁宗爱其才，尝对辅臣言欲其戒酒，延年闻之因不饮，遂成疾而卒。

179. 事 不 可 前 料

　　工部胡侍郎则为邑日，丁晋公为游客，见之，胡待之甚厚。丁因投诗索米，明日胡延晋公，常日所用樽罍悉屏去，但陶器而已，丁失望，以为厌己，遂辞去，胡往见之，出银一篓遗丁，曰："家素贫，唯此饮器，愿以赆行。"丁始谕设陶器之因，甚愧德之。后晋公骤达，极力(携)〔推〕挽，卒至显位。

　　庆历中，谏官李竦坐言事谪湖南物务，内殿承制范亢为黄蔡间都监，以言事官坐谪后多至显官，乃悉倾家物与竦办行，竦至湖南少日遂卒。前辈有言："人不可有意，有意即差。"事固不可前料也。

　　庆历年间，谏官李竦因进谏获罪贬为湖南税官，内殿承制范亢在黄蔡地区做都监，他认为谏官贬职后大多能升为高官，便拿出所有的家产为李竦置办行李，李竦到湖南没多久就死了。前人曾说："人做事不可别有意图，别有意图就不能如愿。"事情本来就不能预先料及。

180. 朱寿昌至孝

朱寿昌，刑部朱侍郎巽之子，其母微，寿昌流落贫家十余岁方得归，遂失母所在。寿昌哀慕不已，及长乃解官访母，遍走四方，备历艰难，见者莫不怜之。闻佛书有水忏者，其说谓欲见父母者诵之，当获所愿，寿昌乃昼夜诵持，仍刺血书忏，摹板印施于人，唯愿见母。历年甚多，忽一日至河中府遂得其母，相持恸绝，感动行路，乃迎以归，事母至孝。复出从仕，今为司农少卿。士人为之传者数人，丞相荆公而下皆有朱孝子诗数百篇。

181. 刘庭式不弃瞽妻

朝士刘庭式本田家，邻舍翁甚贫，有一女约与庭式为婚。后契阔数年，庭式读书登科，归乡闾访邻翁而翁已死，女因病双瞽，家极困饿，庭式使人申前好，而女子之家辞以疾，仍以佣耕，不敢姻士大夫，庭式坚不可："与翁有约，岂可以翁死子疾而背之？"卒与成婚，闺门极雍睦，其妻相携而后能行，凡生数子。庭式尝坐小谴，监司欲逐之，嘉其有美行，遂为之阔略。其后庭式管干江州太平宫而妻死，哭之极哀。苏子瞻爱其义，为文以美之。

182. 千轴不如一书

柳开少好任气，大言凌物，应举时以文章投主司于帘前，凡千轴，载以独轮车，引试日，衣襕，自拥车以入，欲以此骇众取名。时张景能文有名，唯袖一书帘前献之，主司大称赏，擢景优等，时人为之语曰："柳开千轴不如张景一书。"

卷十

人 事 二

183. 健 者 县 令

蒋堂侍郎为淮南转运使日,属县例致贺冬至书,皆投书即还,有一县令使人独不肯去,须责回书,左右谕之皆不听,以至呵逐亦不去,曰:"宁得罪,不得书不敢回邑。"时苏子美在坐,颇骇怪,曰:"皂隶如此野狠,其令可知。"蒋曰:"不然,令必健者,能使人不敢慢其命令如此。"乃为一简答之方去。子美归吴中月余,得蒋书曰:"县令果健者。"遂为之延誉,后卒为名臣。或云乃天章阁待制杜杞也。

184. 李馀庆果于去恶

国子博士李馀庆知常州,强于政事,果于去恶,凶人恶吏畏之如神。末年得疾甚困,有州医博士多过恶,常惧为馀庆所发,因其困进利药以毒之,服之洞泄不已,势已危,馀庆察其奸,使人扶舁坐厅事,召医博士杖杀之,然后归卧,未及席而死。葬于横山,人至今畏之,过墓者皆下〔马〕,有病疟者取墓土著床席间辄差,其敬惮之如此。

185. 盛文肃阅人

盛文肃为尚书右丞知扬州,简重少所许可,时夏有章自建州司户参军授郑州推官,过扬州,文肃骤称其才雅,明日置酒召之。人有谓有章曰:"盛公未尝燕过客,甚器重者方召一饭。"有章荷其意,别日为一诗谢之,至客次先使人持诗以入,公得诗不发封,即还之,使人谢有章曰:"度已衰老,无用此诗。"不复得见。有章殊不意,往见通判刁绎具言所以,绎亦不谕其由,曰:"府公性多忤,诗中得无激触否?"有章曰:"元未曾发封。"又曰:"无乃笔札不严?"曰:"有章自书,极严谨。"曰:"如此,必是将命者有所忤耳。"乃往见文肃而问之:"夏有章今日献诗何如?"公曰:"不曾读,已还之。"绎曰:"公始待有章甚厚,今乃不读其诗,何也?"公曰:"始见其气韵清修,谓必远器,今封诗乃自称'新圃田从事',得一幕官遂尔轻脱。君但观之,必止于此官,志已满矣。切记之,他日可验。"贾文元时为参政,与有章有旧,乃荐为馆职,有诏候到任一年召试。明年除馆阁校勘,御史发其旧事,遂寝夺,改差国子监主簿,仍带郑州推官,未几卒于京师。文肃阅人物多如此,不复挟他术。

186. 林逋高逸

林逋隐居杭州孤山,常畜两鹤,纵之则飞入云霄,盘旋久之复入笼中,逋常泛小艇游西湖诸寺,有客至逋所居,则一童子出应门,延客坐,为开笼纵鹤,良久,逋必棹小船而归,盖尝以鹤飞为验也。逋高逸倨傲,多所学,唯不能棋,常谓人曰:"逋世间事皆能之,唯不能担粪与着棋。"

187. 法外杀近臣

庆历中有近侍犯法,罪不至死,执政以其情重,请杀之,范希文独无言,退而谓同列曰:"诸公劝人主法外杀近臣,一时虽快意,不宜教手滑。"诸公默然。

188. 庞庄敏入相

景祐中审刑院断狱,有使臣何次公具狱,主判官方进呈,上忽问："此人名次公者何义？"主判官不能对，是时庞庄敏为殿中丞、审刑院详议官，从官长上殿，乃越次对曰："臣尝读《前汉书》，黄霸字次公，盖以霸次王也。此人必慕黄霸之为人。"上颔之。异日复进谳，上顾知院官问曰："前时姓庞详议官何故不来？"知院对："任满已出外官。"上遽指挥中书与在京差遣，除三司检法官，俄擢三司判官，庆历中遂入相。

卷十一

官 政 一

189.陈恕改茶法

世称陈恕为三司使改茶法,岁计几增十倍。余为三司使时考其籍,盖自景德中北戎入寇之后,河北籴便之法荡尽,此后茶利十丧其九,恕在任,值北虏讲解,商人顿复,岁课遂增,虽云十倍之多,考之尚未盈旧额。至今称道,盖不虞之誉也。

190.算 茶 三 说

世传算茶有三说法最便。三说者,皆谓见钱为一说,犀牙香药为一说,茶为一说。深不然也,此乃三分法耳。谓缘边入纳粮草,其价折为三分,一分支见钱,一分折犀象杂货,一分折茶尔,后又有并折盐为四分法,更改不一,皆非三说也。余在三司求得三说旧案,三说者乃是三事,博籴为一说,便籴为一说,直便为一说。其谓之博籴者,极边粮草,岁入必欲足常额,每岁自三司抛数下库务,先封椿见钱、紧便钱、紧茶钞,紧便钱谓水路商旅所便处,紧茶钞谓上三山场榷务。然后召人入中。便籴者,次边粮草,商人先入中粮草,乃诣京师算请慢便钱、慢茶钞及杂货。慢便钱谓道路货易非便处,慢茶钞谓下三山场榷务。直便者,商人取便于缘边入纳见钱,于京师请领。三说先博籴,数足然后听便籴及直便,以此商人竞趋争先赴极边博籴,故边粟常先足,不为诸郡分裂,粮草之价不能翔踊,诸路税课亦皆盈衍。此良法也,余在三司方欲讲求,会左迁不果建议。

191. 赫 连 城

延州故丰林县城赫连勃勃所筑,至今谓之"赫连城",紧密如石,钄之皆火出。其城不甚厚,但马面极长且密,予亲使人步之,马面皆长四丈,相去六七丈。以(为)〔其〕马面密,则城不须太厚,人力亦难攻也。余曾亲见攻城,若马面长则可反射城下攻者,兼密则矢石相及,敌人至城下则四面矢石临之。须使敌人不能到城下,乃为良法。今边城虽厚,而马面极短且疏,若敌人可到城下,则城虽厚终为危道。其间更多刓其角,谓之"团敌",此尤无益,全藉倚楼角以发矢石,以覆护城脚。但使敌人见备处多,则自不可存立,赫连之城深可为法也。

192. 刘晏即日知价

刘晏掌国计,数百里外物价高下即日知之。人有得晏一事,余在三司时尝行之于东南。每岁发运司和籴米于郡县,未知价之高下,须先具价申禀,然后视其贵贱,贵则寡取,贱则取盈,尽得郡县之价,方能契数行下,比至则粟价已增,所以常得贵售。晏法则令多粟通途郡县,以数十岁籴价与所籴粟数高下,各为五等,具籍于主者。今属发运司。粟价才定,更不申禀,实时廪收,但第一价则籴第五数,第五价即籴第一数,第二价则籴第四数,第四价即第二数,乃即驰递报发运司。如此,粟贱之地自籴尽极数,其余节级各得其宜,已无枉售。发运司仍会诸郡所籴之数计之,若过于多则损贵与远者,尚少则增贱与近者,自此粟价未尝失时,各当本处丰俭。即日知价,信皆有术。

193. 校书官不恤职事

旧校书官多不恤职事,但取旧书以墨漫一字,复注旧字于其侧,以为日课。自置编校局,只得以朱围之,仍于卷末书校官姓名。

194. 国 初 均 税

五代方镇割据,都于旧赋之外重取于民,国初悉皆蠲正,税额一定。其间或有重轻未均处,随事均之。福、歙州税额太重,福州则令以钱二贯五百折纳绢一匹,歙州输官之绢止重数两,太原府输赋全除,乃以减价籴粜补之。后人往往疑福、歙折绢太贵,太原折米太贱,盖不见当时均赋之意也。

195. 程文简善虑事

夏、秋沿纳之物,如盐、麴之类,名件烦碎。庆历中,有司建议并合归一名,以省帐钞。程文简为三司使,独以为仍旧为便,若没其旧名,异日不知,或再敷盐、麴,则致重复。此亦善虑事也。

196. 用 法 之 失

近岁邢、寿两郡各断一狱,用法皆误,为刑曹所驳。寿州有人杀妻之父母昆弟数口,州司以为不道,缘坐妻子,刑曹驳曰:"殴妻之父母即是义绝,况其谋杀,不当复坐其妻。"邢州有盗杀一家,其夫妇实时死,唯一子明日乃死,其家财产依户绝法给出嫁亲女,刑曹驳曰:"其家父母死时其子尚生,财产乃子物,出嫁亲女乃出嫁姊妹,不合有分。"此二事略同,一失于生者,一失于死者。

197. 深州迁治之非

深州旧治（靖）〔静〕安,其地鹻卤,不可艺植,井泉悉是恶卤。景德中议迁州时,傅潜家在李晏,乃奏请迁州于李晏,今深州是也。土之不毛无以异于旧州,盐鹻殆与土半,城郭朝补暮坏,至于薪刍亦资于他邑,唯胡卢水粗给居民,然原自外来,亦非边城之利。旧州之北有安平、饶阳两邑,田野饶沃,人物繁庶,正当徐村之口,与祁州、永宁犬牙相望。不移州于此,而恤其私利亟城李晏者,潜之罪也。

198. 叙官降等误晓律意

律云:"免官者,三载之后降先品二等叙。免所居官及官当者,期年之后降先品一等叙。"降先品者,谓免官二官皆免,则从未降之品降二等叙之;免所居官及官当,止一官,故降未降之品一等叙之。今叙官乃从见存之官更降一等者,误晓律意也。

199. 立 法 知 意

律累降虽多,各不得过四等。此止法者不徒为之,盖有所碍,不得不止。据律,"更犯余有历任官者,仍累降之,所降虽多,各不得过四等",注:"'各'谓二官各降,不在通计之限。""二官"谓职事官、散官、卫官为一官,勋官为一官。二官各四等,不得通计,乃是共降八等而止。余考其义,盖除名叙法,正四品于(正)〔从〕七品下叙,从四品于正八品上叙,即是降先品九等。免官、官当若降五等,则反重于除名,此不得不止也。此律今虽不用,然用法者须知立法之意,则于新格无所抵捂。余检正刑房公事日,曾遍询老法官,无一人晓此意者。

200. 边 城 战 棚

边城守具中有战棚,以长木抗于女墙之上,大体类敌楼,可以离合,设之顷刻可就,以备仓卒城楼摧坏或无楼处受攻,则急张战棚以临之。梁侯景攻台城,为高楼以临城,城上亦为楼以拒之,使壮士交槊斗于楼上,亦近此类。预备敌人,非仓卒可致。近岁边臣有议,以为既有敌楼则战棚悉可废省,恐讲之未熟也。

201. 鞠真卿断狱

鞠真卿守润州，民有斗殴者，本罪之外，别令先殴者出钱以与后应者。小人靳财，兼不甘输钱于敌人，终日纷争，相视无敢先下手者。

202. 告不干己事法

曹州人赵谏尝为小官，以罪废，唯以录人阴事控制闾里，无敢迕其意者，人畏之甚于寇盗，官司亦为其羁绁，俯仰取容而已。兵部员外郎谢涛知曹州，尽得其凶迹，逮系有司，具前后巨蠹状奏列，章下御史府按治，奸赃狼籍，遂论弃市，曹人皆相贺。因此有“告不干己事法”著于敕律。

203. 驿传等次

驿传旧有三等，曰步递、马递、急脚递。急脚递最遽，日行四百里，唯军兴则用之。熙宁中又有金字牌急脚递，如古之羽檄也，以木牌朱漆黄金字，光明眩目，过如飞电，望之者无不避路，日行五百余里。有军前机速处分则自御前发下，三省、枢密院莫得与也。

204. 范文正荒政

皇祐二年吴中大饥，殍殣枕路。是时范文正领浙西，发粟及募民存饷，为术甚备。吴人喜竞渡，好为佛事，希文乃纵民竞渡，太守日出宴于湖上，自春至夏，居民空巷出游，又召诸佛寺主首谕之曰：“饥岁工价至贱，可以大兴土木之役。”于是诸佛寺工作鼎兴。又新敖仓、吏舍，日役千夫。监司奏劾杭州不恤荒政，嬉游不节，及公私兴造，伤耗民力。文正乃自条叙所以宴游及兴造，皆欲以发有余之财，以惠贫者。贸易、饮食、工技服力之人，仰食于公私者日无虑数万人，荒政之施莫此为大。是岁两浙唯杭州晏然，民不流徙，皆文正之惠也。岁饥发司农之粟，募民兴利，近岁遂著为令。既已恤饥，因之以成就民利，此先王之美泽也。

205. 运 粮 之 法

凡师行，因粮于敌最为急务，运粮不但多费而势难行远。余尝计之，人负米六斗，卒自携五日干粮，人饷一卒，一去可十八日，米六斗，人食日二升，二人食之十八日尽。若计复回只可进九日；二人饷一卒，一去可二十六日，米一石二斗，三人食日六升，八日则一夫所负已尽，给六日粮遣回，后十八日，二人食日四升并粮。若计复回止可进十三日；前八日，日食六升；后五日并回程，日食四升并粮。三人饷一卒，一去可三十一日，米一石八斗，前六日半，四人食日八升，减一夫给四日粮；（十）〔中〕七日，三人食日六升，又减一夫给九日粮；后十八日，二人食日四升并粮。计复回止可进十六日。前六日半，日食八升；中七日，日食六升；后（十一日）〔二日半〕并回程，日食四升并粮。三人饷一卒，极矣。若兴师十万，辎重三之一，止得驻战之卒七万人，已用三十万人运粮，此外难复加矣。放回运（人）〔夫〕须有援卒，缘运行死亡、疾病，人数稍减，且以所减之食准援卒所费。

运粮之法，人负六斗，此以总数率之也，其间队长不负，樵汲减半，所余皆均在众夫，更有死亡、疾病者所负之米又以均之，则人所负常不啻六斗矣。故军中不容冗食，一夫冗食，二三人饷之尚或不足。若以畜乘运之，则驼负三石，马、骡一石五斗，驴一石。比之人运，虽负多而费寡，然刍牧不时，畜多瘦死，一畜死则并所负弃之，较之人负利害相半。

206. 熙宁罢抚夷券

忠、万间夷人，祥符中尝寇掠，边臣苟务怀来，使人招其酋长，禄之以券粟。自后有效而为之者，不得已又以券招之，其间纷争者至有自陈:"若某人,才杀掠若干人遂得一券,我凡杀兵民数倍之多,岂得亦以一券见给?"互相计校,为寇甚者则受多券。熙宁中会之,前后凡给四百余券,子孙相承,世世不绝。因其为盗,悉诛鉏之,罢其旧券一切不与,自是夷人畏威不复犯塞。

207. 高 超 合 龙 门

庆历中河决北都商胡,久之未塞,三司度支副使郭申锡亲往董作。凡塞河决垂合,中间一埽谓之"合龙门",功全在此。是时屡塞不合。时合龙门埽长六十步,有水工高超者献议,以为埽身太长,人力不能压,埽不至水底,故河流不断而绳缆多绝。今当以六十步为三节,每节埽长二十步,中间以索连属之,先下第一节,待其至底方压第二、第三。旧工争之,以为不可,云:"二十步埽不能断漏,徒用三节,所费当倍而决不塞。"超谓之曰:"第一埽水信未断,然势必杀半。压第二埽止用半力,水纵未断,不过小漏耳。第三节乃平地施工,足以尽人力。处置三节既定,则上两节自为浊泥所淤,不烦人功。"申锡主前议,不听超说。是时贾魏公帅北门,独以超之言为然,阴遣数千人于下流收漉流埽。既定而埽果流,而河决愈甚,申锡坐谪,卒用超计,商胡方定。

208. 盐   品

盐之品至多,前史所载,夷狄间自有十余种,中国所出亦不减数十种。今公私通行者四种:一者末盐,海盐也,河北、京东、淮南、两浙、江南东西、荆湖南北、福建、广南东西十一路食之。其次颗盐,解州盐泽及晋、绛、潞、泽所出,京畿、南京、京西、陕西、河东、褒、剑等处食之。又次井盐,凿井取之,益、梓、利、夔四路食之。又次崖盐,生于土崖之间,阶、成、凤等州食之。唯陕西路颗盐有定课,岁为钱二百三十万缗,自余盈虚不常,大约岁入二(十)〔千〕余万缗,唯末盐岁自抄三百万供河北边籴,其他皆给本处经费而已。缘边籴买仰给于度支者，河北则海、末盐，河东、陕西则颗盐及蜀茶为多。运盐之法，凡行百里，陆运斤四钱，船运斤一钱，以此为率。

209. 老 吏 验 尸

太常博士李处厚知庐州(值)〔慎〕县，尝有殴人死者，处厚往验伤，以糟醙灰汤之类薄之，都无伤迹，有一老父求见，曰："邑之老书(史)〔吏〕也，知验伤不见其迹。此易辨也，以新赤油伞日中覆之，以水沃其尸，其迹必见。"处厚如其言，伤迹宛然。自此江、淮之间官司往往用此法。

210. 滉　　柱

钱塘江，钱氏时为石堤，堤外又植大木十余行，谓之"滉柱"。宝元、康定间，人有献议，取滉柱可得良材数十万，杭帅以为然。既而旧木出水皆朽败不可用，而滉柱一空，石堤为洪涛所激，岁岁摧决。盖昔人埋柱以折其怒势，不与水争力，故江涛不能为害。杜伟长为转运使，人有献说，自浙江税场以东，移退数里为月堤以避怒水，众水工皆以为便，独一老水工以为不然，密谕其党曰："移堤则岁无水患，若曹何所衣食？"众人乐其利，乃从而和之，伟长不悟其计，费以巨万而江堤之害仍岁有之。近年乃讲月堤之利，涛害稍稀，然犹不若滉柱之利，然所费至多，不复可为。

211. 盐　钞　法

陕西颗盐，旧法官自般运，置务拘卖。兵部员外郎范祥始为钞法，令商人就边郡入钱四贯八百售一钞，至解池请盐二百斤，任其私卖，得钱以实塞下，省数十郡般运之劳。异日辇车牛驴以盐役死者岁以万计,冒禁抵罪者不可胜数,至此悉免。行之既久,盐价时有低昂,又于京师置都盐院,陕西转运司自遣官主之,京师食盐斤不足三十五钱则敛而不发以长盐价,过四十则大发库盐以压商利,使盐价有常而钞法有定数。行之数十年,至今以为利也。

212. 河 北 盐 法

河北盐法,太祖皇帝尝降墨敕听民间贾贩,唯收税钱,不许官榷。其后有司屡请闭固,仁宗皇帝又有批诏云:"朕终不使河北百姓常食贵盐。"献议者罢遣之。河北父老皆掌中掬灰,藉火焚香,望阙欢呼称谢。熙宁中复有献谋者,余时在三司,求访两朝墨敕不获,然人人能诵其言,议亦竟寝。

卷十二

官 政 二

213. 复 闸

淮南漕渠筑埭以畜水，不知始于何时，旧传召伯埭谢公所为，按李翱《来南录》，唐时犹是流水，不应谢公时已作此埭。天圣中，监真州排岸司右侍禁陶鉴始议为复闸节水，以省舟船过埭之劳，是时工部郎中方仲荀、文思使张纶为发运使、副，表行之，始为真州闸，岁省冗卒五百人、杂费百二十五万。运舟旧法，舟载米不过三百石，闸成，始为四百石，其后所载浸多，官船至七百石，私船受米八百余囊，囊二石。自后北神、召伯、龙舟、茱萸诸埭相次废革，至今为利。余元丰中过真州，江亭后粪壤中见一卧石，乃胡武平为水闸记，略叙其事而不甚详具。

214. 张杲卿鞠案

张杲卿丞相知润州日，有妇人夫出外数日不归，忽有人报菜园井中有死人，妇人惊往视之，号哭曰："吾夫也。"遂以闻官。公令属官集邻里就井验是其夫与非，众皆以井深不可辨，请出尸验之，公曰："众皆不能辨，妇人独何以知其为夫？"收付所司鞠问，果奸人杀其夫，妇人与闻其谋。

215. 范文正抑商

庆历中议弛茶盐之禁及减商税，范文正以为不可：茶盐、商税之入,但分减商贾之利耳,行于商贾未甚有害也,今国用未减,岁入不可阙,既不取之于山泽及商贾,须取之于农,与(以)〔其〕害农,孰若取之于商贾?今为计莫若先省国用,国用有余,当先宽赋役,然后及商贾,弛禁非所当先也。其议遂寝。

216. 王冀公有大臣节

真宗皇帝南衙日,开封府十七县皆以岁旱放税,即有飞语闻上,欲有所中伤,太宗不悦。御史探上意,皆露章言开封府放税过实,有旨下京东、西两路诸州选官覆按。内亳州当按太康、咸平两县,是时曾会知亳州,王冀公在幕下,曾爱其识度,常以公相期之,至是遣冀公行,仍戒之曰:“此行所系事体不轻,不宜小有高下。”冀公至两邑按行甚详,其余抗言放税过多,追收所放税物,而冀公独乞全放,人皆危之。明年真宗即位,首擢冀公为右正言,仍谓辅臣曰:“当此之时朕亦自危惧,钦若小官,敢独为百姓伸理,此大臣节也。”自后进用超越,卒至入相。

217. 岁 铸 钱 数

国朝初平江南,岁铸钱七万贯。自后稍增广,至天圣中岁铸一百余万贯,庆历间至三百万贯,熙宁六年以后岁铸铜铁钱六百余万贯。

218. 吏 禄

天下吏人素无常禄,唯以受赇为生,往往有致富者。熙宁三年始制天下吏禄,而设重法以绝请托之弊。是岁,京师诸司岁支吏禄钱三千八百三十四贯二百五十四,岁岁增广,至熙宁八年予为三司使日岁支三十七万一千五百三十三贯一百七十八。自后增损不常,皆不过此数,京师旧有吏禄者及天下吏禄皆不预此数。

219. 国 朝 茶 利

国朝茶利,除官本及杂费外,净入钱禁榷时取一年最中数,计一百九万四千九十三贯八百八十五,内六十四万九千六十九贯茶净利,卖茶,嘉祐二年收十六万四百三十一贯五百二十七,除元本及杂费外,得净利十万六千九百五十七贯六百八十五。客茶交引钱,嘉祐三年除元本及杂费外,得净利五十四万二千一百一十一贯五百二十四。四十四万五千二十四贯六百七十茶税钱。最中嘉祐元年所收数,除川茶钱在外。通商后来,取一年最中数,计一百一十七万五千一百四贯九百一十九钱,内三十六万九千七十二贯四百七十一钱茶租,嘉祐四年通商,立定茶交引钱六十八万四千三百二十一贯三百八十。后累经减放,至治平二年最中分收上数。八十万六千三十二贯六百四十八钱茶税。最中治平三年,除川茶税钱外会此数。

220. 茶 　 法

本朝茶法,乾德二年始诏在京、建安、汉阳、蕲口各置榷货务。五年始禁私卖茶,从不应为情理重。太平兴国二年删定禁法条贯,始立等科罪。淳化三年令商贾就园户买茶,公于官场贴射,始行贴射法。淳化四年初行交引,罢贴射法,西北入粟给交引,自通利军始。是岁罢诸处榷货务,寻复依旧。至咸平元年,茶利钱以一百三十九万二千一百一十九贯三百一十九为额,至嘉祐三年,凡六十一年用此额,官本杂费皆在内,中间时有增亏,岁入不常。咸平五年三司使王嗣宗始立三分法,以十分茶价,四分给香药,三分犀象、三分茶引;六年又改支六分香药、犀象,四分茶引。景德二年许人入中钱帛金银,谓之"三说"。至祥符九年茶引益轻,用知秦州曹玮议,就永兴、凤翔以官钱收买客引,以捄引价,前此累增加饶钱。至天禧二年镇戎军纳大麦一斗,本价通加饶共支钱一贯二百五十四。乾兴元年改三分法,支茶引三分,东南见钱二分半,香药四分半。天圣元年复行贴射法,行之三年,茶利尽归大商,官场但得黄晚恶茶,乃诏孙奭重议,罢贴射法。明年推治元议省吏、计覆官、句献等,皆决配沙门岛,元详定枢密副使张邓公、参知政事吕许公、鲁肃简各罚俸一月,御史中丞刘筠、入内内侍省副都知周文质、西上阁门使薛昭廓、三部副使各罚铜(二)〔三〕十斤,前三司使李谘落枢密直学士,依旧知洪州。皇祐三年算茶依旧只用见钱。至嘉祐四年二月五日,降敕罢茶禁。

221. 租　额　钱

国朝六榷货务、十三山场都卖茶岁一千五十三万三千七百四十七斤半,租额钱二百二十五万四千四十七贯一十。其六榷货务取最中嘉祐六年抛占茶五百七十三万六千七百八十六斤半,租额钱一百九十六万四千六百四十七贯二百七十八:荆南府租额钱三十一万五千一百四十八贯三百七十五,受纳潭、鼎、沣、岳、归、峡州、荆南府片、散茶共八十七万五千三百五十七斤;汉阳军租额钱二十一万八千三百二十一贯五十一,受纳鄂州片茶二十三万八千三百斤半;蕲州蕲口租额钱三十五万九千八百三十九贯八百一十四,受纳潭、建州、兴国军片茶五十万斤;无为军租额钱三十四万八千六百二十贯四百三十,受纳潭、筠、袁、池、饶、建、歙、江、洪州、南康、兴国军片、散茶共八十四万二千三百三十三斤;真州租额钱五十一万四千二百二十二贯九百三十二,受纳潭、袁、池、饶、歙、建、抚、筠、宣、江、吉、洪州、兴国、临江、南康军片、散茶共二百八十五万六千二百六斤;海州租额钱三十万八千七百三贯六百七十六,受纳睦、湖、杭、越、衢、温、婺、台、常、明、饶、歙州片、散茶共四十二万四千五百九十斤。

十三山场租额钱共二十八万九千三百九十九贯七百三十二,共买茶四百七十九万六千九百六十一斤;光州光山场买茶三十万七千二百十六斤,卖钱一万二千四百五十六贯;子安场买茶二十二万八千三十斤,卖钱一万三(十)〔千〕六百八十九贯三百四十八;商城场买茶四十万五百五十三斤,卖钱二万七千七十九贯四百四十六；寿州麻步场买茶三十三万一千八百三十三斤，卖钱三万四千八百一十一贯三百五十；霍山场买茶五十三万二千三百九斤，卖钱三万五千五百九十五贯四百八十九；开顺场买茶二十六万九千七十七斤，卖钱一万七千一百三十贯；庐州王同场买茶二十九万七千三百二十八斤，卖钱一万四千三百五十七贯六百四十二；黄州麻城场买茶二十八万四千二百七十四斤，卖钱一万二千五百四十贯；舒州罗源场买茶一十八万五千八十二斤，卖钱一万四百六十九贯七百八十五；太湖场买茶八十二万九千三十二斤，卖钱三万六千九十六贯六百八十；蕲州洗马场买茶四十万斤，卖钱二万六千三百六十贯；王祺场买茶一十八万二千二百二十七斤，卖钱一万一千九百五十三贯九百九十二；石桥场买茶五十五万斤，卖钱三万六千八十贯。

222. 岁供京师米额

发运司岁供京师米以六百万石为额，淮南一百三十万石，江南东路九十九万一千一百石，江南西路一百二十万八千九百石，荆湖南路六十五万石，荆湖北路三十五万石，两浙路一百五十万石。通余羡岁入六百二十万石。

223. 熙宁废并州县

熙宁中废并天下州县，迄八年，凡废州、军、监三十一：仪、滑、慈、郑、集、万、乾、儋、南仪、复、蒙、(春)〔春〕、陵、宪、辽、窦、壁、梅、汉阳、通利、宁化、光化、清平、永康、荆门、广济、高邮、江阴、富顺、涟水、宣化；废县一百二十七：晋州赵城、杭州南新、普州普康、磁州昭德、华州渭南、德州德平、陵州贵平、籍县、忠州桂溪、兖州邹县、广州信安、四会、陕府(胡)〔湖〕城、(峡)〔硖〕硖石、河中(西河)〔河西〕、永乐、巴州七盘、其章、坊州升平、春州铜陵、北京大名、洹水、经城、永济、莫州鄚、长丰、梧州戎城、邛州临溪、梓州永泰、河阳氾水、沧州饶安、临津、融州武阳、罗城、象州武化、归州兴山、汝州龙兴、怀州修武、武陟、道州（营道）〔永明〕、庆州乐（幡）〔蟠〕、华池、瀛州（东）〔東〕城、景城、顺安高阳、澶州顿丘、洺州曲周、临洺、丹州云岩、汾川、潞州黎城、琼州舍城、火山火山、横州永定、宜州古阳、礼丹、金城、述昆、汾州孝义、延州金明、丰林、延水、太原平晋、随州光化、邢州尧山、任县、平乡、秦州长道、达州三（山）〔冈〕、石鼓、扬州广陵、赵州（柏）〔隆〕平、柏乡、赞皇、雅州百丈、荣经、祁州（保）〔深〕泽、同州夏阳、嘉州平羌、河南洛阳、福昌、颍阳、猴氏、伊阙、滨州（相）〔招〕安、慈州文城、吉乡、成都犀浦、戎州宜宾、绵州（高）〔西〕昌、荣州公井、宁化宁化、乾宁乾宁、真定灵寿、井陉、荆南建宁、（支）〔枝〕江、辰州麻阳、招（化）〔谕〕、陈州南顿、桂州修仁、永宁、安州云梦、忻州定襄、剑门关剑门、汉阳汉川、恩州清阳、熙州狄道、河州枹罕、卫州新乡、卫、渝州南川、虢州玉城、果州流溪、利州平蜀、许州许田、岢岚岚谷、蓬州（逢）〔蓬〕山、良山、冀州新（珂）〔河〕、涪州温山、阆州晋安、岐坪、复州（王涉）〔玉沙〕、润州延陵。

卷十三

权　智

224. 盐　井　雨　盘

陵州盐井深五百余尺，皆石也，上下甚宽广，独中间稍狭，谓之"杖鼓腰"。旧自井底用柏木为干，上出井口，自木干垂绠而下方能至水，井侧设大车绞之。岁久井干摧败，屡欲新之，而井中阴气袭人，入者辄死，无缘措手，惟候有雨入井，则阴气随雨而下，稍可施工，雨晴复止。后有人以一木盘，满中贮水，盘底为小窍，酾水一如雨点，设于井上，谓之"雨盘"，令水下终日不绝，如此数月，井干为之一新而陵井之利复旧。

225. 颡　叫　子

世人以竹木牙骨之类为叫子，置人喉中吹之能作人言，谓之"颡叫子"。尝有病瘖者为人所苦，烦冤无以自言，听讼者试取叫子令颡之，作声如傀儡子，粗能辨其一二，其冤获申。此亦可记也。

226. 驯　鹞　术

《庄子》曰："畜虎者不与全物、生物。"此为诚言。尝有人善调山鹞，使之斗莫可与敌，人有得其术者，每食则以山鹞皮裹肉哺之，久之望见真鹞则欲搏而食之，此以所养移其性也。

227. 狄青出奇制胜

宝元中党项犯塞，时新募万胜军未习战阵，遇寇多北。狄青为将，一日尽取万胜旗付虎翼军，使之出战，虏望其旗易之，全军径趋，为虎翼所破，殆无遗类。又青在泾原，尝以寡当众，度必以奇胜，预戒军中尽舍弓弩，皆执短兵器，令军中闻钲一声则止，再声则严阵而阳却，钲声止则大呼而突之，士卒皆如其教。才遇敌，未接战遽声钲，士卒皆止，再声皆却，虏人大笑，相谓曰："孰谓狄天使勇？"时虏人谓青为"天使"。钲声止，忽前突之，虏兵大乱，相蹂践死者不可胜计也。

228. 夜夺昆仑关

狄青为枢密副使宣抚广西，时侬智高守昆仑关，青至宾州，值上元节，令大张灯烛，首夜燕将佐，次夜燕从军官，三夜飨军校。首夜乐饮彻晓，次夜二鼓时青忽称疾，暂起如内，久之，使人谕孙元规，令暂主席行酒，少服药乃出，数使人劝劳座客。至晓各未(散)〔敢〕退，忽有驰报者云，是夜三鼓青已夺昆仑矣。

229. 曹南院破虏

曹南院知镇戎军日，尝出战小捷，虏兵引去，玮侦虏兵去已远，乃驱所掠牛羊、辎重缓驱而还，颇失部伍，其下忧之，言于玮曰："牛羊无用，徒縻军，不若弃之，整众而归。"玮不答，使人候。虏兵去数十里，闻玮利牛羊而师不整，遽还袭之。玮愈缓，行得地利处乃止以待之，虏军将至近，使人谓之曰："蕃军远来必甚疲，我不欲乘人之怠，请休憩士马，少选决战。"虏方苦疲甚，皆欣然，严军歇良久，玮又使人谕之："歇定可相驰矣。"于是各鼓军而进，一战大破虏师，遂弃牛羊而还，徐谓其下曰："吾知虏已疲，故为贪利以诱之，比其复来几行百里矣，若乘锐便战犹有胜负，远行之人，若小憩则足痹不能立，人气亦阑，吾以此取之。"

230. 友 人 权 数

余友人有任术者，尝为延州临真尉，携家出宜秋门。是时茶禁甚严，家人怀越茶数斤，稠人中马惊，茶忽坠地，其人阳惊，回身以鞭指城门鸱尾，市人莫测，皆随鞭所指望之，茶囊已碎于埃壤矣。监司尝使治地讼，其地多山，嶮不可登，由此数为讼者所欺，乃呼讼者告之曰："吾不忍尽尔，当贯尔半。尔所有之地，两亩止供一亩，慎不可欺，欺则尽覆入官矣。"民信之，尽其所有供半。既而指一处覆之，文致其参差处，责之曰："我戒尔无得欺，何为见负？今尽入尔田矣。"凡供一亩者悉作两亩收之，更无一犁得隐者。其权数多此类。其为人强毅恢廓，亦一时之豪也。

231. 王 元 泽 巧 对

王元泽数岁时，客有以一獐、一鹿同笼以问雱："何者是獐，何者为鹿？"雱实未识，良久对曰："獐边者是鹿，鹿边者是獐。"客大奇之。

232. 决生死用诈术

濠州定远县一弓手善用矛，远近皆伏其能，有一偷亦善击刺，常蔑视官军，唯与此弓手不相下，曰："见必与之决生死。"一日，弓手者因事至村步，适值偷在市饮酒，势不可避，遂曳矛而斗，观者如堵墙，久之各未能进，弓手者忽谓偷曰："尉至矣，我与尔皆健者，汝敢与我尉马前决生死乎？"偷曰："诺。"弓手应声刺之，一举而毙，盖乘其隙也。又有人曾遇强寇斗，矛刃方接，寇先含水满口，忽噀其面，其人愕然，刃已揕胸。后有一壮士复与寇遇，已先知噀水之事，寇复用之，水才出口，矛已洞颈。盖已陈刍狗，其机已泄，恃胜失备，反受其害。

233. 雷简夫息水患

陕西因洪水下大石塞山涧中，水遂横流为害，石之大有如屋者，人力不能去，州县患之。雷简夫为县令，乃使人各于石下穿一穴，度如石大，挽石入穴窖之，水患遂息也。

234. 陈秀公焚图

熙宁中高丽入贡，所经州县悉要地图，所至皆造送，山川道路、形势险易无不备载。至扬州，牒州取地图，是时丞相陈秀公守扬，给使者欲尽见两浙所供图，仿其规模供造，及图至都聚而焚之，具以事闻。

235. 狄青用兵

狄青戍泾原日，尝与虏战大胜，追奔数里，虏忽壅遏山踊，知其前必遇险，士卒皆欲奋击，青遽鸣钲止之，虏得引去，验其处果临深涧，将佐皆悔不击，青独曰："不然，奔亡之虏忽止而拒我，安知非谋？军已大胜，残寇不足利，得之无所加重，万一落其术中，存亡不可知。宁悔不击，不可悔不止。"青后平岭寇，贼帅侬智高兵败奔邕州，其下皆欲穷其窟穴，青亦不从，以为趋利乘势，入不测之城，非大将事，智高因而获免。天下皆罪青不入邕州，脱智高于垂死。然青之用兵主胜而已，不求奇功，故未尝大败，计功最多，卒为名将。譬如弈棋，已胜敌可止矣，然犹攻击不已，往往大败，此青之所戒也。临利而能戒，乃青之过人处也。

236. 潴水为塞

瓦桥关北与辽人为邻，素无关河为阻。往岁六宅使何承矩守瓦桥，始议因陂泽之地潴水为塞，欲自相视，恐其谋泄，日会僚佐泛船置酒赏蓼花，作蓼花吟数十篇，令座客属和，画以为图，传至京师，人初莫喻其意。自此始壅诸淀,庆历中内侍杨怀敏复踵为之,至熙宁中又开徐村、柳庄等泺,皆以徐、鲍、沙、唐等河,叫猴、鸡距、五眼等泉为之源,东合漷淀、漳、淇、易、(白)〔涞〕等水,〔下〕并大河。于是自保州西北沈苑泊,东尽(枯)〔沽〕海口,几八百里悉为潴潦,阔者有及六十里者,至今倚为藩篱。或谓侵蚀民田,岁失边粟之入。此殊不然,深、冀、沧、瀛间,惟大河、漷淀、漳水所淤方为美田,淤淀不至处悉是斥卤,不可种艺,异日惟是聚集游民,刮咸煮盐,颇干盐禁,时为寇盗,自为潴泺,奸盐遂少,而鱼蟹、菰苇之利人亦赖之。

237. 罗隐谏钱镠

浙帅钱镠时宣州叛卒五千余人送款,钱氏纳之,以为腹心,时罗隐在其幕下,屡谏以谓敌国之人不可轻信,浙帅不听。杭州新治城堞,楼橹甚盛,浙帅携寮客观之,隐指却敌,佯不晓曰:"设此何用?"浙帅曰:"君岂不知欲备敌邪?"隐谬曰:"审如是,何不向里设之?"浙帅大笑曰:"本欲拒敌,设于内何用?"对曰:"以隐所见正当设于内耳。"盖指宣卒将为敌也。后浙帅巡衣锦城,武勇都指挥使徐绾、许再(恩)〔思〕挟宣卒为乱,火青山镇,入攻中城,赖城中有备,绾等寻败,几于覆国。

238. 李继隆袭夏州

淳化中李继捧为定难军节度使,阴与其弟继迁谋叛,朝廷遣李继隆率兵讨之。继隆驰至克胡,渡河入延福县,自铁茄驿夜入绥州,谋其所向。继隆欲径袭夏州,或以谓夏州贼帅所在,我兵少,恐不能克,不若先据石堡以观贼势,继隆以为不然,曰:"我兵既少,若径入夏州,出其不意,彼亦未能料我众寡。若先据石堡,众寡已露,岂复能进?"乃引兵驰入抚宁县,继捧犹未知,遂进攻夏州,继捧狼狈出迎,擒之以归。抚宁旧治无定河川中,数为虏所危,继隆乃迁县于滴水崖,在旧县之北十余里,皆石崖,峭拔十余丈,下临无〔定〕水,今谓之啰兀城者是也。熙宁中所治抚宁城乃抚宁旧城耳,本道图牒皆不载,唯李继隆《西征记》言之甚详也。

239. 林 广 拒 敌

熙宁中,党项母梁氏引兵犯庆州大顺城,庆帅遣别将林广拒守,虏围不解,广使城兵皆以弱弓弩射之,虏度其势之所及,稍稍近城,乃易强弓劲弩丛射,虏多死,遂相拥而溃。

240. 巧 为 长 堤

苏州至昆山县凡六十里,皆浅水无陆途,民颇病涉,久欲为长堤,但苏州皆泽国,无处求土。嘉祐中人有献计,就水中以蘧蒢刍藁为墙,栽两行,相去三尺,去墙六丈又为一墙,亦如此,漉水中淤泥实蘧蒢中,候干则以水车汱去两墙之间旧水,墙间六丈皆土,留其半以为堤脚,掘其半为渠,取土以为堤,每三四里则为一桥以通南北之水。不日堤成,至今为利。

241. 李允则展雄州

李允则守雄州,北门外民居极多,城中地窄,欲展北城,而以辽人通好,恐其生事。门外旧有东岳行宫,允则以银为大香炉陈于庙中,故不设备,一日银炉为盗所攘,乃大出募赏,所在张榜捕贼甚急,久之不获,遂声言庙中屡遭寇,课夫筑墙围之,其实展北城也,不逾旬而就,虏人亦不怪之,则今雄州北关城是也。大都军中诈谋未必皆奇策,但当时偶能欺敌而成奇功,时人有语云:"用得着,敌人休;用不着,自家羞。"斯言诚然。

242. 陈述古破盗案

陈述古密直知建州浦城县日,有人失物,捕得莫知的为盗者,述古乃绐之曰："某庙有一钟,能辨盗至灵。"使人迎置后阁祠之,引群囚立钟前,自陈不为盗者摸之则无声,为盗者摸之则有声,述古自率同职祷钟甚肃,祭讫以帷帷之,乃阴使人以墨涂钟,良久引囚逐一令引手入帷摸之,出乃验其手,皆有墨,唯有一囚无墨,讯之遂承为盗,盖恐钟有声,不敢摸也。此亦古之法,出于小说。

243. 侯叔献治汴堤

熙宁中瀍阳界中发汴堤淤田,汴水暴至,堤防颇坏陷,将毁,人力不可制。都水监丞侯叔献时莅其役,相视其上数十里有一古城,急发汴堤注水入古城中,下流遂涸,急使人治堤陷,次日古城中水盈,汴流复行,而堤陷已完矣,徐塞古城所决,内外之水平而不流,瞬息可塞,众皆伏其机敏。

244. 种世衡用间

宝元中党项犯边,有明珠族首领骁悍,最为边患。种世衡为将,欲以计擒之,闻其好击鼓,乃造一马持战鼓,以银裹之,极华焕,密使谍者阳卖之入明珠族,后乃择骁卒数百人,戒之曰："凡见负银鼓自随者并力擒之。"一日羌酋负鼓而出,遂为世衡所擒。又元昊之臣野利常为谋主,守天都山,号"天都大王",与元昊乳母白姥有隙,岁除日野利引兵巡边,深涉汉境数宿,白姥乘间乃谮其欲叛,元昊疑之。世衡尝得蕃酋之子苏吃曩,厚遇之,闻元昊尝赐野利宝刀,而吃曩之父得幸于野利,世衡因使吃曩窃野利刀,许之以缘边职任、锦袍、真金带。吃曩得刀以还,世衡乃唱言野利已为白姥谮死,设祭境上,为祭文叙岁除日相见之欢,入夜乃火烧纸钱,川中尽明,虏见火光,引骑近边窥觇,乃佯委祭具,而银器凡千余两悉弃之,虏人争取器皿,得元昊所赐刀,及火炉中见祭文已烧尽,但存数十字,元昊得之,又识其所赐刀,遂赐野利死。野利有大功,死不以罪,自此君臣猜贰,以至不能军。平夏之功,世衡计谋居多,当时人未甚知之,世衡卒乃录其功,赠观察使。

卷十四

艺 文 一

245. 属 对 亲 切

欧阳文忠常爱林逋诗"草泥行郭索,云木叫钩辀"之句,文忠以为语新而属对亲切。钩辀,鹧鸪声也,李群玉诗云:"方穿诘曲崎岖路,又听钩辀格磔声。"郭索,蟹行貌也,扬雄《太玄》曰:"蟹之郭索,用心躁也。"

246. 相 错 成 文

韩退之集中《罗〔池〕庙碑》铭有"春与猿吟兮,秋与鹤飞",今验石刻乃"春与猿吟兮,秋鹤与飞"。古人多用此格,如《楚辞》"吉日兮辰良",又"蕙肴〔烝〕兮兰〔藉〕,奠桂酒兮椒浆",盖欲相错成文则语势矫健耳。杜子美诗"红稻啄余鹦鹉粒,碧梧栖老凤凰枝",此亦语反而意全。韩退之雪诗"舞镜鸾窥沼,行天马度桥"亦效此体,然稍牵强,不若前人之语浑成也。

247.《城南联句》

退之《城南联句》首句曰"竹影金锁碎",所谓"金锁碎"者乃日光耳,非竹影也。若题中有"日"字,则曰"竹影金锁碎"可也。

248. 富 贵 诗 之 陋

唐人作富贵诗,多纪其奉养器服之盛,乃贫眼所惊耳。如贯休富贵诗云"刻成筝柱雁相挨",此下里鬟弹者皆有之,何足道哉? 又韦楚老蚊诗云"十幅红绡围夜玉",十幅红绡为帐,方不及四五尺,不知如何伸脚? 此所谓不曾近富儿家。

249. 诗取语意为主

诗人以诗主人物,故虽小诗,莫不挺踱极工而后已,所谓"句锻月炼"者,信非虚言。小说,崔护题城南诗,其始曰:"去年今日此门中,人面桃花相映红。人面不知何处去,桃花依旧笑春风。"后以其意未全、语未工,改第三句曰"人面只今何处在"。唐人工诗,大率多如此,虽有两"今"字不恤也,取语意为主耳。后人以其有两"今"字,只多行前篇。

250. 书之阙误见于他书

书之阙误有可见于他书者,如《诗》"天夭是椓",后汉《蔡邕传》作"夭夭是加",与"速速方谷"为对; 又"彼徂矣,岐有夷之行",《朱浮传》作"彼岨者,岐有夷之行";《坊记》"君子之道,譬则坊焉",大戴《礼》"君子之道,譬犹坊焉"; 夬卦"君子以施禄及下,居德则忌",王辅嗣曰"居德而明禁",乃以"则"字为"明"字也。

251. 音 韵 之 学

音韵之学,自沈约为四声及天竺梵学入中国,其术渐密,观古人谐声有不可解者,如玖字、有字多与李字协用,庆字、正字多与章字、平字协用。如《诗》"或群或友,以燕天子","彼留之子,(遗)〔贻〕我佩玖","投我以木李,报之以琼玖","终三十里,十千维耦","自今而后,岁其有,君子有谷,(贻)〔诒〕孙子","陟降左右,令闻不已","膳夫左右,无不能止","鱼丽于罶,鲿鲨,君子有酒,旨且有",如此极多。又如"孝孙有庆,万寿无疆","黍稷稻粱,农夫之庆","唯其有章矣,是以有庆矣","则笃其庆,载锡之光","我田既臧,农夫之庆","万舞洋洋,孝孙有庆";《易》云"西南得朋,乃与类行;东北丧朋,乃终有庆","积善之家必有余庆,积不善之家必有余殃";班固《东都赋》"彰皇德兮侔周成,永延长兮膺天庆",如此亦多。今《广韵》中庆一音卿,然如《诗》之"未见君子,忧心怲怲;既见君子,庶几式臧","谁秉国成,卒劳百姓,我王不宁,复怨其正",亦是怲、正与宁、平协用,不止庆而已,恐别有理也。

252. 小律诗之难

小律诗虽末技,工之不造微不足以名家,故唐人皆尽一生之业为之,至于字字皆炼,得之甚难,但患观者灭裂则不见其工,故不唯为之难,知音亦鲜,设有苦心得之者,未必为人所知。若字字皆是无瑕可指,语意亦楷丽,但细论无功,景意纵全,一读便尽,更无可讽味。此类最易为人激赏,乃诗之《折杨》、《黄华》也,譬若三馆楷书作字,不可谓不精不丽,求其佳处到死无一笔,此病最难为医也。

253. 王圣美字学

王圣美治字学,演其义以为右文。古之字书皆从左文,凡字,其类在左,其义在右,如木类其左皆从木。所谓"右文"者,如戋,小也,水之小者曰浅,金之小者曰钱,歹而小者曰残,贝之小者曰贱,如此之类皆以戋为义也。

254. 不晓《孟子》之义

王圣美为县令时尚未知名,谒一达官,值其方与客谈《孟子》,殊不顾圣美,圣美窃哂其所论,久之忽顾圣美曰:"尝读《孟子》否?"圣美对曰:"生平爱之,但都不晓其义。"主人问:"不晓何义?"圣美曰:"从头不晓。"主人曰:"如何从头不晓? 试言之。"圣美曰:"'孟子见梁惠王',已不晓此语。"达官深讶之曰:"此有何奥义?"圣美曰:"既云孟子'不见诸侯',因何见梁惠王?"其人愕然无对。

255.《比红儿诗》

杨大年因奏事论及《比红儿诗》,大年不能对,甚以为恨,遍访《比红儿诗》,终不可得,忽一日见鬻故书者有一小编,偶取视之乃《比红儿诗》也,自此士大夫始多传之。予按《撼言》,《比红儿诗》乃罗虬所为,凡百篇,盖当时但传其诗而不载名氏,大年亦偶忘《撼言》所载。

256. 晚唐士人读书灭裂

晚唐士人专以小诗著名而读书灭裂,如白乐天《题座隅》诗云"俱化为饿殍",作孚字押韵。杜牧《杜秋娘》诗云"厌饫不能饴",饴乃饧耳,若作饮食当音(饮)〔飤〕。又陆龟蒙作《药名》诗云"乌啄蠹根回",乃是乌喙,非"乌啄"也;又"断续玉琴哀",药名止有续断,无断续。此类极多,如杜牧《阿房宫赋》误用"龙见而雩"事,宇文时斛斯椿已有此谬,盖牧未尝读《周》、《隋书》也。

257. 穆修张景始为古文

往岁士人多尚对偶为文,穆修、张景辈始为平文,当时谓之"古文"。穆、张尝同造朝,待旦于东华门外,方论文次,适见有奔马践死一犬,二人各记其事,以较工拙,穆修曰:"马逸,有黄犬遇蹄而毙。"张景曰:"一犬死奔马之下。"时文体新变,二人之语皆拙涩,当时已谓之工,传之至今。

258.《史记》差谬

按《史记》年表,周平王东迁(二)〔三〕年鲁惠公方即位,则《春秋》

当始惠公,而始隐,故诸儒之论纷然,乃《春秋》开卷第一义也。唯啖、赵都不解始隐之义,学者常疑之,唯于《纂例》"(隐)〔惠〕公"下注八字云:"惠公(二)〔三〕年平王东迁。"若尔,则《春秋》自合始隐,更无可论,此啖、赵所以不论也,然与《史记》不同,不知啖、赵得于何书?又尝见士人石端集一纪年书,考论诸家年统极为详密,其叙平王东迁亦在惠公(二)〔三〕年,余得之甚喜,亟问石君,云出一史传中,遽检未得,终未见的据。《史记》年表注东迁在平王元年辛未岁,本纪中都无说,诸侯世家言东迁却尽在庚午岁。《史记》亦自差谬,莫知其所的。

259. 卢宗回诗

长安慈恩寺塔有唐人卢宗回一诗颇佳,唐人诸集中不载,今记于此:"东来晓日上翔鸾,西转苍龙拂露盘。渭水冷光摇藻井,玉峰晴色堕栏干。九重宫阙参差见,百二山河表里观。暂辍去蓬悲不定,一凭金界望长安。"

260. 王荆公始为集句诗

古人诗有"风定花犹落"之句,以谓无人能对,王荆公以对"鸟鸣山更幽"。"鸟鸣山更幽"本宋王籍诗,元对"蝉噪林逾静,鸟鸣山更幽"上下句只是一意,"风定花犹落,鸟鸣山更幽"则上句乃静中有动,下句动中有静。荆公始为集句诗,多者至百韵,皆集合前人之句,语意、对偶往往亲切过于本诗,后人稍稍有效而为者。

261. 观人题壁可知文章

欧阳文忠尝言曰:"观人题壁而可知其文章矣。"

262. 毗陵女子诗

毗陵郡士人家有一女,姓李氏,方年十六岁,颇能诗,甚有佳句,吴人多得之。有《拾得破钱》诗云："半轮残月掩尘埃，依稀犹有开元字。想得清光未破时，买尽人间不平事。"又有《弹琴》诗云："昔年刚笑卓文君，岂信丝桐解误身。今日未弹心已乱，此心元自不由人。"虽有情致，乃非女子所宜也。

卷十五

艺 文 二

263.切韵之学

切韵之学本出于西域,汉人训字止曰读如某字,未用反切。然古语已有二声合为一字者,如不可为叵、何不为盍、如是为尔、而已为耳、之乎为诸之类,似西域二合之音,盖切字之原也,如顿字文从而、犬,亦切音也,殆与声俱生,莫知从来。

今切韵之法,先类其字各归其母,唇音、舌音各八,牙音、喉音各四,齿音十,半齿、半舌音二,凡三十六,分为五音,天下之声总于是矣。每声复有四等,谓清、次清、浊、平也,如颠、天、田、年,邦、胮、庞、庬之类是也,皆得之自然,非人为之。如帮字横调之为五音,帮、当、刚、臧、央是也;帮,宫之清;当,商之清;刚,角之清;臧,徵之清;央,羽之清。纵调之为四等,帮、滂、傍、茫是也;帮,宫之清;滂,宫之次清;傍,宫之浊;茫,宫之不清不浊。就本音、本等调之为四声,帮、髈、傍、博是也。帮,宫清之平;髈,宫清之上;傍,宫清之去;博,宫清之入。四等之声,多有声无字者,如封、峰、逢止有三字,邕、胸止有两字,辣、火、欲、以皆止有一字。五音亦然,滂、汤、康、苍止有四字。四声则有无声,亦有无字者,如萧字、肴字全韵皆无入声。此皆声之类也。所谓切韵者,上字为切,下字为韵,切须归本母,韵须归本等。切归本母,谓之"音和",如德红为东之类,德与东同一母也。字有重、中重、轻、中轻,本等声尽泛入别等,谓之"类隔"。虽隔等,须以其类,谓唇与唇类、齿与齿类,如武延为绵、符兵为平之类是也。韵归本等,如冬与东字母皆属端字,冬乃端字中第一等声,故都宗切,宗字第一等韵也,以其归精字，故精徽音第一等声；东字乃端字中第三等声，故德红切，红字第三等韵也，以其归匣字，故匣羽音第三等声。又有互用借声，类例颇多。

　　大都自沈约为四声，音韵愈密。然梵学则有华、竺之异，南渡之后又杂以吴音，故音韵庞驳，师法多门。至于所分五音，法亦不一，如乐家所用则随律命之，本无定音，常以浊者为宫，稍清为商，最清为角，清浊不常为徵、羽。切韵家则定以唇、齿、牙、舌、喉为宫、商、角、徵、羽，其间又有半徵、半商者，如来、日二字是也，皆不论清浊。五行家则以韵类清浊参配，今五姓是也。梵学则喉、牙、齿、舌、唇之外，又有折、摄二声，折声自脐轮起至唇上发，如舭字浮金反之类是也；摄声鼻音，如（欨）〔歆〕字鼻中发之类是也。字母则有四十二，曰阿、多、波、者、那、啰、（呼）拖、婆、茶、沙、嚩、哆、也、瑟咤二合、迦、娑、么、伽、他、社、锁、拖、前一拖轻呼，此一拖重呼。奢、佉、叉、娑多二合、壤、曷攞多（二）〔三〕合、婆上声、车、娑么二合、〔诃婆二合〕、縒、伽上声、咤、拏、娑颇二合、娑迦二合、也娑二合、室者二合、（伦）〔佗〕、陀。为法不同，各有理致，虽先王所不言，然不害有此理。历世浸久，学者日深，自当造微耳。

264.《龙龛手镜》

　　幽州僧行均集佛书中字为切韵训诂，凡十六万字，分四卷，号《龙龛手镜》，燕僧智光为之序，甚有词辩，契丹重熙二年集。契丹书禁甚严，传入中国者法皆死，熙宁中有人自虏中得之，入傅钦之家。蒲传正帅浙西，取以镂板，其序末旧云"重熙二年五月序"，蒲公削去之。观其字音韵次序皆有理法，后世殆不以其为燕人也。

265. 古人文章不主音韵

　　古人文章自应律度，未以音韵为主，自沈约增崇韵学，其论文则曰："欲使宫、羽相变，低昂殊节，若前有浮声则后须切响。一简之内,音韵尽殊;两句之中,轻重悉异。妙达此旨,始可言文。"自后浮巧之语,体制渐多,如旁犯、蹉对蹉音千过反、假对、双声、叠韵之类,诗又有正格、偏格,类例极多,故有(二)〔三〕十四格、十九图、四声、八病之类。今略举数事,如徐陵云"陪游馺娑,骋纤腰于结风;长乐鸳鸯,(后)〔奏〕新声于度曲",又云"厌长乐之疏钟,劳中宫之缓箭",虽两"长乐",意义不同,不为重复,此类为旁犯。如《九歌》"蕙肴烝兮兰藉,奠桂酒兮椒浆",当曰"烝蕙肴"对"奠桂酒",今倒用之,谓之蹉对。如"自朱(邪)〔耶〕之狼狈,致赤子之流离",不唯赤对朱、(邪)〔耶〕对子,兼狼狈、流离乃兽名对鸟名;又如"厨人具鸡黍,稚子摘杨梅",以鸡对杨,如此之类皆为假对。如"几家村草里,吹唱隔江闻",几家、村草对吹唱、隔江,皆双声。如"月影侵簪冷,江光逼(屦)〔屐〕清",侵簪、逼(屦)〔屐〕皆叠韵。诗第二字侧入,谓之正格,如"凤历轩辕纪,龙飞四十春"之类。第二字平入,谓之偏格,如"四更山吐月,残夜水明楼"之类。唐名贤辈诗多用正格,如杜甫律诗,用偏格者十无一二。

266. 潞公同甲会诗

文潞公归洛日年七十八,同时有中散大夫程(珣)〔珦〕、朝议大夫司马旦、司封郎中致仕席汝言皆年七十八,尝为同甲会,各赋诗一首。潞公诗曰:"四人三百十二岁,况是同生丙午年。招得梁园为赋客,合成商岭采芝仙。清谈亹亹风盈席,素发飘飘雪满肩。此会从来诚未有,洛中应作画图传。"

267. 晚唐五代士人作赋

晚唐、五代间士人作赋,用事亦有甚工者,如江文蔚《天窗赋》:"一窍初启,如凿开混沌之时;两瓦欹飞,类化作鸳鸯之后。"又《土牛赋》:"饮渚俄临,讶盟津之捧塞;度关倘许,疑函谷之丸封。"

268. 鹳雀楼诗

河中府鹳雀楼三层，前瞻中条，下瞰大河，唐人留诗者甚多，唯李益、王(文)〔之〕奂、畅诸三篇能状其景。李益诗曰："鹳雀楼西百尺墙，汀洲云树共茫茫。汉家(萧)〔箫〕鼓随流水，魏国山河半夕阳。事去千年犹恨速，愁来一日即知长。风烟并在思归处，远目非春亦自伤。"王(文)〔之〕奂诗曰："白日依山尽，黄河入海流。欲穷千里目，更上一层楼。"畅诸诗曰："迥临飞鸟上，高出世尘间。天势围平野，河流入断山。"

269. 海陵王墓铭

庆历间余在金陵，有饔人以一方石镇肉，视之若有刻，试取石洗濯，乃齐海陵王墓铭，谢朓撰并书，其字如钟繇，极可爱。余携之十余年，文思副使夏元昭借去，遂托以坠水，今不知落何处。此铭朓集中不载，今录于此："中枢诞圣，膺历受命。于穆二祖，天临海镜。显允世宗，温文著性。三善有声，四国无竞。嗣德方衰，时唯介弟。景祚云及，多难攸启。载骤轓猎，高辟代邸。庶辟欣欣，威仪济济。亦既负扆，言观帝则。正位恭己，临朝渊嘿。虔思宝缔，负荷非克。敬顺天人，高逊明德。西光已谢，东旭又良。龙蠖夕俪，葆挽晨锵。风摇草色，日照松光。春秋非我，晚夜何长。"

270. 观文辨枣棘

枣与棘相类，皆有刺。枣独生，高而少横枝；棘列生，痺而成林，以此为别。其文皆从朿，音刺，木芒刺也。朿而相戴立生者枣也，朿而相比横生者棘也，不识二物者观文可辨。

271. 献诗自达

金陵人胡恢博物强记，善篆隶，臧否人物，坐法失官十余年，潦倒贫困，赴选集于京师，是时韩魏公当国，恢献小诗自达，其一联曰："建业关山千里远，长安风雪一家寒。"魏公深怜之，令篆太学石经，因此得复官，任华州推官而卒。

272. 蔡子正贺诗

熙宁六年有司言日当蚀四月朔，上为彻膳、避正殿，一夕微雨，明日不见日蚀，百官入贺，是日有皇子之庆。蔡子正为枢密副使，献诗一首，前四句曰："昨夜熏风入舜韶，君王未御正衙朝。阳辉已得前星助，阴沴潜随夜雨消。"其叙四月一日避殿、皇子庆诞、云阴不见日蚀，四句尽之，当时无能过之者。

273. 推挽后学

欧阳文忠好推挽后学。王向少时为三班奉职，勾当滁州一镇，时文忠守滁州，有书生为学子不行束修，自往诣之，学子闭门不接，书生讼于向，向判其牒曰："礼闻来学，不闻往教。先生既已自屈，弟子宁不少高？盍二物以收威，岂两辞而造狱。"书生不直向判，径持牒以见欧公，公一阅大称其才，遂为之延誉奖进，成就美名，卒为闻人。

卷十六

艺文三

274.刘克释杜诗

〔上〕〔士〕人刘克博观异书。杜甫诗有"家家养乌鬼，顿顿食黄鱼"，世之说者皆谓夔、峡间至今有鬼户，乃夷人也，其主谓之"鬼主"，然不闻有乌鬼之说。又"鬼户"者夷人所称，又非人家所养。克乃按《夔州图经》称〔陕〕〔峡〕中人谓鸬鹚为乌鬼，蜀人临水居者皆养鸬鹚，绳系其颈使之捕鱼，得鱼则倒提出之，至今如此。余在蜀中，见人家养鸬鹚使捕鱼，信然，但不知谓之乌鬼耳。

275.和鲁公艳词

和鲁公凝有艳词一编，名《香奁集》，凝后贵，乃嫁其名为韩偓，今世传韩偓《香奁集》乃凝所为也。凝生平著述分为《演纶》、《游艺》、《孝悌》、《疑狱》、《香奁》、《籯金》六集，自为《游艺集》序云："余有《香奁》、《籯金》二集，不行于世。"凝在政府，避议论，讳其名，又欲后人知，故于《游艺集》序〔述〕〔实〕之，此凝之意也。余在秀州，其曾孙和愓家藏诸书皆鲁公旧物，末有印记甚完。

276.魏野善为诗

蜀人魏野隐居不仕宦，善为诗，以诗著名。卜居陕州东门之外，有《陕州平陆县》诗云"寒食花藏院，重阳菊绕湾。一声离岸橹，数点别州山"，最为警句。所居颇萧洒，当世显人多与之游，寇忠愍尤爱之，尝有赠忠愍诗云："好向上天辞富贵，却来平地作神仙。"后忠愍镇北都，召野置门下，北都有妓女，美色而举止生梗，士人谓之"生张八"，因府会，忠愍令乞诗于野，野赠之诗曰："君为北道生张八，我是西州熟魏三。莫怪樽前无笑语，半生半熟未相谙。"吴正宪《忆陕郊》诗曰："南郭迎天使，东郊访隐人。""隐人"谓野也。野死，有子闲，亦有清名，今尚居陕中。

卷十七

书　画

277. 耳　鉴

藏书画者多取空名，偶传为钟、王、顾、陆之笔，见者争售，此所谓"耳鉴"。又有观画而以手摸之，相传以谓色不隐指者为佳画，此又在耳鉴之下，谓之"揣骨听声"。

278. 正午牡丹

欧阳公尝得一古画牡丹丛，其下有一猫，未知其精粗，丞相正肃吴公与欧公姻家，一见曰："此正午牡丹也。何以明之？其花披哆而色燥，此日中时花也；猫眼黑睛如线，此正午猫眼也。有带露花则房敛而色泽；猫眼早暮则睛圆，日渐中狭长，正午则如一线耳。"此亦善求古人笔意也。

279. 相国寺画壁

相国寺旧画壁乃高益之笔，有画众工奏乐一堵，最有意。人多病拥琵琶者误拨下弦，众管皆发四字，琵琶四字在上弦，此拨乃掩下弦，误也。余以为非误也，盖管以发指为声，琵琶以拨过为声，此拨掩下弦则声在上弦也。益之布置尚能如此，其心匠可知。

280. 书 画 之 妙

书画之妙当以神会，难可以形器求也。世之观画者，多能指摘

其间形象、位置、彩色瑕疵而已，至于奥理冥造者，罕见其人。如彦远
画评言王维画物多不问四时，如画花往往以桃、杏、芙蓉、莲花同画一
景。余家所藏摩诘画袁安卧雪图有雪中芭蕉，此乃得心应手，意到便
成，故造理入神，迥得天意，此难可与俗人论也。谢赫云："卫协之画，
虽不该备形妙而有气韵，凌跨群雄，旷代绝笔。"又欧文忠《盘车图》
诗云："古画画意不画形，梅诗咏物无隐情。忘形得意知者寡，不若见
诗如见画。"此真为识画也。

281. 画 如 其 人

王仲至阅吾家画，最爱王维画黄梅出山图，盖其所图黄梅、曹溪
二人，气韵神检皆如其为人，读二人事迹还观所画，可以想见其人。

282. 观 画 知 声

《国史〔谱〕〔补〕》言："客有以按乐图示王维，维曰：'此《霓裳》
第三叠第一拍也。'客未然，引工按曲乃信。"此好奇者为之。凡画奏
乐止能画一声，不过金石管弦同用一字耳，何曲无此声，岂独《霓裳》
第三叠第一拍也？或疑舞节及他举动拍法中别有奇声可验，此亦不
然。《霓裳》曲凡十三叠，前六叠无拍，至第七叠方谓之"叠遍"，自此
始有拍而舞作，故白乐天诗云"中序擘騞初入拍"，"中序"即第七叠
也，第三叠安得有拍？但言"第三叠第一拍"即知其妄也。或说尝有
人观画弹琴图，曰："此弹《广陵散》也。"此或可信。《广陵散》中有
数声他曲皆无，如拨攦声之类是也。

283. 马 不 画 细 毛

画牛、虎皆画毛，惟马不画，余尝以问画工，工言："马毛细，不可
画。"余难之曰："鼠毛更细，何故却画？"工不能对。大凡画马，其大
不过〔盈〕尺，此乃以大为小，所以毛细而不可画，鼠乃如其大，自当

画毛。然牛、虎亦是以大为小,理亦不应见毛,但牛、虎深毛,马浅毛,理须有别,故名辈为小牛、小虎虽画毛,但略拂拭而已,若务详密翻成冗长,约略拂拭自有神观,迥然生动,难可与俗人论也。若画马如牛、虎之大者,理当画毛,盖见小马无毛,遂亦不(鬐)〔摹〕,此庸人袭迹,非可与论理也。

又李成画山上亭馆及楼塔之类,皆仰画飞檐,其说以谓自下望上,如人平地望塔檐间见其榱桷。此论非也,大都山水之法,盖以大观小,如人观假山耳。若同真山之法,以下望上只合见一重山,岂可重重悉见,兼不应见其溪谷间事,又如屋舍亦不应见其中庭及后巷中事。若人在东立则山西便合是远境,人在西立则山东却合是远境,似此如何成画?李君却不知以大观小之法,其间折高、折远自有妙理,岂在掀屋角也。

284. 佛 光 常 圆

画工画佛身光有匾圆如扇者,身侧则光亦侧,此大谬也,渠但见雕木佛耳,不知此光常圆也。又有画行佛,光尾向后,谓之"顺风光",此亦谬也,佛光乃定果之光,虽劫风不可动,岂常风能摇哉?

285. 古 文 己 字

古文"己"字从一、从亡,此乃通贯天、地、人,与"王"字义同,中则为"王",或左或右则为"己"。僧肇曰:"会万物为一己者,其惟圣人乎?"子曰:"下学而上达。"人不能至于此,皆自域之也,得己之全者如此。

286. 活 笔

度支员外郎宋迪工画,尤善为平远山水,其得意者有平沙雁落、远浦帆归、山市晴岚、江天暮雪、洞庭秋月、潇湘夜雨、烟寺晚钟、渔村落照,谓之"八景",好事者多传之。往岁小窑村陈用之善画,迪见其画山水,谓用之曰:"汝画信工,但少天趣。"用之深伏其言,曰:"常患其不及古人者正在于此。"迪曰:"此不难耳。汝先当求一败墙,张绢素讫,倚之败墙之上,朝夕观之。观之既久,隔素见败墙之上高平曲折皆成山水之象,心存目想,高者为山、下者为水,坎者为谷、缺者为涧,显者为近、晦者为远,神领意造,恍然见其有人禽草木飞动往来之象,了然在目,则随意命笔,默以神会,自然境皆天就,不类人为,是谓'活笔'。"用之自此画格进。

287. 谬从楷法之非

古文自变隶,其法已错乱,后转为楷字,愈益讹舛,殆不可考。如言"有口为吴,无口为天",按字书,"吴"字本从口、从矢音捩,非天字也。此固近世谬从楷法言之,至如两汉篆文尚未废,亦有可疑者。如汉武帝以隐语召东方朔云"先生来来",解云:"来来,枣也。"按"枣"字从朿音刺不从来。此或是后人所传,非当时语,如卯金刀为劉、货泉为白水真人,此则出于纬书,乃汉人之语。按"劉"字从邜音酉、从金,如柳、聊、留皆从邜,非卯字也;货从贝,真乃从具,亦非一法,不知缘何如此? 字书与本史所记必有一误也。

288. 韩偓诗迹

唐韩偓为诗极清丽,有手写诗百余篇在其四世孙奕处。偓天复中避地泉州之南安县,子孙遂家焉,庆历中余过南安,见奕出其手集,字极淳劲可爱。后数年奕诣阙献之,以忠臣之后得(用仕)〔司士〕参军,终于殿中丞。又余在京师见偓送晋光上人诗,亦墨迹也,与此无异。

289. 徐铉篆法

江南徐铉善小篆,映日视之,画之中心有一缕浓墨正当其中,至于曲折处亦当中，无有偏侧处，乃笔锋直下不倒侧，故锋常在画中。此用笔之法也，铉尝自谓："吾晚年始得蠋匾之法。"凡小篆喜瘦而长，蠋匾之法非老笔不能也。

290. 吴道子画佛

《名画录》："吴道子尝画佛，留其圆光，当大会中对万众举手一挥，圆中运规，观者莫不惊呼。"画家为之自有法，但以肩倚壁尽臂挥之自然中规，其笔画之粗细则以一指拒壁以为准，自然匀均。此无足奇，道子妙处不在于此，徒惊俗眼耳。

291. 晋宋人墨迹

晋、宋人墨迹多是吊丧、问疾书简。唐贞观中购求前世墨迹甚严，非吊丧、问疾书迹皆入内府，士大夫家所存皆当日朝廷所不取者，所以流传至今。

292. 鲤文之说

鲤鱼当胁一行三十六鳞，鳞有黑文如十字，故谓之"鲤"，文从鱼、里者，三百六十也。然井田法即以三百步为一里，恐四代之法容有不相袭者。

293. 徐黄画格

国初，江南布衣徐熙、伪蜀翰林待诏黄筌皆以善画著名，尤长于画花卉。蜀平，黄筌并〔二〕子居宝、〔居寀〕、居实，弟惟亮，皆隶翰林图画院，擅名一时。其后江南平，徐熙至京师，送图画院品其画格。诸黄画花妙在赋色，用笔极新细，殆不见墨迹，但以轻色染成，谓之"写生"。徐熙以墨笔画之，殊草草，略施丹粉而已，神气迥出，别有生动之意。筌恶其轧己，言其画粗恶不入格，罢之。熙之子乃效诸黄之格，更不用墨笔，直以彩色图之，谓之"没骨图"，工与诸黄不相下，筌等不复能瑕疵，遂得齿院品，其气韵皆不及熙远甚。

294. 学 书 良 法

余从子辽喜学书，尝论曰："书之神韵虽得之于心，然法度必资讲学。常患世之作字分制无法，凡字有两字、三四字合为一字者，须字字可〔拆〕；若笔画多寡相近者，须令大小均停。所谓笔画相近，如'殺'字乃四字合为一，当使乂、木、几、又四者大小皆均。如'朩'字乃二字合，当使上与小二者大小长短皆均。若笔画多寡相远，则不可强牵使停，寡在左则取上齐，寡在右则取下齐。如从口、从金，〔此多寡不同也，〕'唫'则取上齐，'釦'则取下齐。如从朩、从又及从口、从胃三字合者多寡不同，则'叔'当取下齐，'喟'当取上齐。"如此之类，不可不知。又曰："运笔之时常使意在笔前。"此古人良法也。

295.《乐毅论》传本

王羲之书，旧传惟《乐毅论》乃羲之亲书于石，其他皆纸素所传。唐太宗衷聚二王墨迹，惟《乐毅论》石本，其后随太宗入昭陵，朱梁时耀州节度使温韬发昭陵得之，复传人间。或曰公主以伪本易之，元不曾入圹。本朝入高绅学士家，皇祐中绅之子高安世为钱塘主簿，《乐毅论》在其家，余尝见之，时石已破缺，末后独有一"海"字者是也。其家后十余年，安世在苏州，石已破为数片，以铁束之，后安世死，石不知所在。或云苏州一富家得之，亦不复见。今传《乐毅论》皆摹本也，笔画无复昔之清劲，羲之小楷字于此殆绝，《遗教经》之类皆非其比也。

296. 圣 寿 寺 壁 画

王琪据陕州，集天下良工画圣寿寺壁，为一时妙绝。画工凡十八人，皆杀之，同为一坎瘗于寺西厢，使天下不复有此笔，其不道如此。至今尚有十堵余，其间西廊迎佛舍利、东院佛母壁最奇妙，神彩皆欲飞动，又有鬼母、瘦佛二壁差次，其余亦不甚过人。

297. 董源画笔之妙

江南中主时有北苑使董源善画，尤工秋岚远景，多写江南真山，不为奇峭之笔。其后建业僧巨然祖述源法，皆臻妙理。大体源及巨然画笔皆宜远观，其用笔甚草草，近视之几不类物象，远观则景物粲然，幽情远思，如异境。如源画落照图，近视无功，远观村落杳然深远，悉是晚景，远峰之顶宛有反照之色，此妙处也。

卷十八

技　艺

298. 方 士 许 我

贾魏公为相日有方士姓许,对人未尝称名,无贵贱皆称我,时人谓之"许我"。言谈颇有可采,然傲诞,视公卿蔑如也。公欲见,使人邀召数四卒不至,又使门人苦邀致之,许骑驴径欲造丞相厅事,门吏止之,不可,吏曰:"此丞相厅门,虽丞郎亦须下。"许曰:"我无所求于丞相,丞相召我来。若如此,但须我去耳。"不下驴而去。门吏急追之不还,以白丞相,魏公又使人谢而召之,终不至,公叹曰:"许市井人耳,惟其无所求于人,尚不可以势屈,况其以道义自任者乎?"

299. 喻皓《木经》

营舍之法谓之《木经》,或云喻皓所撰。凡屋有三分去声,自梁以上为上分,地以上为中分,阶为下分。凡梁长几何,则配极几何以为榱等,如梁长八尺,配极三尺五寸则厅(法堂)〔堂法〕也,此谓之"上分"。楹若干尺,则配堂基若干尺以为榱等,若楹一丈一尺,则阶基四尺五寸之类,以至承栱、榱桷皆有定法,谓之"中分"。阶级有峻、平、慢三等,宫中则以御辇为法,凡自下而登,前竿垂尽臂、后竿展尽臂为峻道,荷辇十二人,前二人曰前竿,次二人曰前绦,又次曰前胁;后二人曰后胁,又后曰后绦,末后曰后竿。辇前队长一人曰传唱,后一人曰报赛。前竿平肘、后竿平肩为慢道,前竿垂手、后竿平肩为平道,此之谓"下分"。其书三卷。近岁土木之工益为严善,旧《木经》多不用,未有人重为之,亦良工之一业也。

300. 缀　术

审方面势覆,量高深远近,算家谓之"啬术"。啬文象形,如绳木所用墨斗也。求星辰之行,步气朔消长,谓之"缀术"。谓不可以形察,但以算数缀之而已,北齐祖暅有《缀术》二卷。

301. 隙积与会圆

算术求积尺之法,如刍萌、刍童、方池、冥谷、堑堵、鳖臑、圆锥、阳马之类,物形备矣,独未有隙积一术。古法,凡算方积之物,有立方,谓六幕皆方者,其法再自乘则得之。有堑堵,谓如土墙者,两边杀、两头齐,其法并上、下广折半以为之广,以直高乘之。又以直高为股,以上广减下广,余者半之为句,句股求弦以为斜高。有刍童,谓如覆斗者,四面皆杀,其法倍上长加入下长,以上广乘之,倍下长加入上长,以下广乘之,并二位(法)以高乘之,六而(二)〔一〕。

隙积者,谓积之有隙者,如累棋、层坛及酒家积罂之类,虽似覆斗四面皆杀,缘有刻缺及虚隙之处,用刍童法求之常失于数少。余思而得之,用刍童法为上位,下位别列下广,以上广减之,余者以高乘之,六而一,并入上位。假令积罂,最上行纵横各二罂,最下行各十二罂,行行相次。先以上行二相次,率至十二,当十(二)〔一〕行也。以刍童法求之,倍上行长得四,并入下长得十六,以上广乘之得(二)〔三〕十二,又倍下行长得(十六)〔二十四〕二十四,并入上长得(四)〔二〕十六,以下广乘之得三百一十二,并二(倍)〔位〕得三百四十四,以高乘之得三千七百八十四。重列下广十二,以上广减之余十,以高乘之得一百一十,并入上位得(二)〔三〕千八百九十四,六而一得六百四十九,此为罂数也。刍童求见实方之积,隙积求见合角不尽,益出羡积也。

履亩之法,方圆曲直尽矣,未有会(图)〔圆〕之术。凡圆田,既能拆之,须使会之复圆,古法惟以中破圆法拆之,其失有及三倍者。余别(无折)〔为析〕会之术,置圆田,径半之以为弦,又以半径减去所割数,余者为股,各自乘,以股减弦,余者开方为句,倍之为割田之直径，以所割之数自乘倍之，又以圆径除所得加入直径，为割田之弧。再割亦如之，减去已割之弧则再割之弧也。假令有圆田径十步，欲割二步，以半径为弦，五步自乘得二十五，又以半径减去所割二步，余三步为股，自乘得九，用减弦外有十六，开平方，除得四步为句，倍之为所割直径，以所割之数二步自乘为四，倍之得为八，退上一（倍）〔位〕为四尺，以圆径除，今圆径十已是盈数，无可除，只用四尺加入直径为所割之弧，凡得圆弧八步四尺也。再割亦依此法。如圆径二十步求弧数，则当折半，乃所谓以圆径除之。此二类皆造微之术，古书所不到者，漫志于此。

302. 蹙 融

蹙融或谓之"蹙戎"，《汉书》谓之"格五"，虽止用数棋共行一道，亦有能否。徐德占善移，遂至无敌，其法以己常欲有余裕而致敌人于隘。虽知其术止是，然卒莫能胜之。

303. 为 弓 之 法

余伯兄善射，自能为弓。其弓有六善，一者性体少而劲，二者和而有力，三者久射力不屈，四者寒暑力一，五者弦声清实，六者一张便正。

凡弓性体少则易张而寿，但患其不劲，欲其劲者妙在治筋。凡筋生长一尺，干则减半，以胶汤濡而（极）〔梳〕之，复长一尺然后用，则筋力已尽，无复伸弛；又揉其材令仰，然后傅角与筋，此两法所以为筋也。

凡弓节短则和而虚虚谓挽过吻则无力。节长则健而柱，柱谓挽过吻则木强而不来。节谓把梢裨木，长则柱，短则虚。节若得中则和而有力，仍弦声清实。

凡弓初射与天寒则劲强而难挽，射久、天暑则弱而不胜矢，此胶之为病也。凡胶欲薄而筋力欲尽，强弱任筋而不任胶，此所以射久力不屈、寒暑力一也。弓所以为正者材也，相材之法视其理，其理不因矫揉而直，中绳则张而不跛。此弓人之所当知也。

304. 棋 局 都 数

　　小说，唐僧一行曾算棋局都数，凡若干局尽之。余尝思之，此固易耳，但数多非世间名数可能言之。今略举大数，凡方二路、用四子，可变八(千)十一局；方三路、用九子，可变一万九千六百八十三局；方四路、用十六子，可变四千三百四十万六千七百二十一局；方五路、用二十五子，可变八千四百七十二亿八千八百六十万九千四百四十三局；古法十万为亿、十亿为兆、万兆为(秭)〔秭〕，算家以万万为亿、万万亿为兆、万万兆为垓，今且以算家数计之。方六路、用三十六子，可变十五兆九十四万六千三百五十二亿九千六百九十九万九千一百二十一局；方七路以上，数多无名可纪，尽三百六十一路，大约连书"万"字四十三即是局之大数。"万"字四十三，最下"万"字即万局，第二是万万局，第三是万亿局，第四是一兆局，第五是万兆局，第六是万万兆，谓之一垓，第七是〔万〕垓局，第八是万万垓，第九是万(亿)〔倍〕万万垓。此外无名可纪，但四十三次万倍乘之即是都大数，零中数不与。

　　其法，初一路可变三局，一黑、一白、一空。自后不以横直，但增一子即三因之，凡三百六十一增皆三因之，即是都局数。又法，先计循边一行为法，凡十九路，得十一亿六千二百二十六万一千四百六十七局。凡加一行即以法累乘之，乘终十九行亦得上数。又法，以自法相乘得一百三十五兆八百五十一万七千一百七十六亿七千二百二十九万二千零八十九局。此是两行，凡三(千)〔十〕八路变得此数也。下位副置之，以下乘上，又以下乘下，置为上位，又副置之，以下乘上，以下乘下，加一法亦得上数。有数法可求，唯此法最径捷，只六次乘便尽三百六十一路。千变万化不出此数，棋之局尽矣。

305. 弹　　棋

　　《西京杂记》云："汉成帝(造)〔好〕蹴鞠，以蹴鞠为劳，求相类而不劳者，遂为弹棋之戏。"余观弹棋绝不类蹴鞠，颇与击鞠相近，疑是传写误耳。唐薛嵩好蹴鞠,刘钢劝止之曰:"为乐甚众,何必乘危邀(倾)〔顷〕刻之欢?"此亦击踘,《唐书》误述为蹴鞠。弹棋今人罕为之,有谱一卷,盖唐人所为。其局方二尺,中心高,如覆盂,其巅为小壶,四角微隆起。今大名开元寺佛殿上有一石局,亦唐时物也。李商隐诗曰"玉作弹棋局,中心亦不平",谓其中高也。白乐天诗"弹棋局上事,最妙是长斜","长斜"谓抹角斜弹,一发过半局,今谱中具有此法。柳子厚《序棋》用二十四棋者,即此戏也。《汉书》注云:"两人对局,白、黑子各六枚。"与子厚所记小异。如弈棋,古局用十七道,合二百八十九道,黑、白棋各百五十,亦与后世法不同。

306. 增 成 法

算术多门,如求一、上驱、搭因、重因之类皆不离乘除,唯增成一法稍异,其术都不用乘除,但补亏就盈而已。假如欲九除者增一便是,八除者增二便是,但一位一因之。若位数少则颇简捷,位数多则愈繁,不若乘除之有常。然算术不患多学,见简即用,见繁即变,不胶一法乃为通术也。

307. 毕 昇 活 板

板印书籍唐人尚未盛为之,自冯瀛王始印五经,已后典籍皆为板本。庆历中,有布衣毕昇又为活板。其法用胶泥刻字,薄如钱唇,每字为一印,火烧令坚。先设一铁板,其上以松脂、腊和纸灰之类冒之,欲印则以一铁范置铁板上,乃密布字印,满铁范为一板,持就火炀之,药稍熔,则以一平板按其面,则字平如砥。若止印三、二本未为简易,若印数十百千本则极为神速。常作二铁板,一板印刷,一板已自布字,此印者才毕则第二板已具,更互用之,瞬息可就。每一字皆有数印,如"之"、"也"等字每字有二十余印,以备一板内有重复者。不用则以纸贴之,每韵为一贴,木格贮之。有奇字素无备者,旋刻之,以草火烧,瞬息可成。不以木为之者,木理有疏密,沾水则高下不平,兼与药相粘,不可取,不若燔土,用讫再火令药镕,以手拂之其印自落,殊不沾污。昇死,其印为余群从所得,至今宝藏。

308. 卫朴历术

淮南人卫朴精于历术,一行之流也。《春秋》日蚀三十六,诸历通验,密者不过得二十六、七,唯一行得二十九,朴乃得三十五,唯庄公十八年一蚀,今古算皆不入蚀法,疑前史误耳。自夏仲康五年癸巳岁至熙宁六年癸丑凡三千二百一年,书传所载日蚀凡四百七十五,众历考验虽各有得失,而朴所得为多。朴能不用算推古今日月蚀,但口诵乘除,不差一算。凡大历悉是算数,令人就耳一读即能暗诵,旁通历则纵横诵之。尝令人写历书,写讫令附耳读之,有差一算者,读至其处则曰“此误某字”,其精如此。大乘除皆不下照位,运筹如飞,人眼不能逐。人有故移其一算者,朴自上至下手循一遍,至移算处则拨正而去。熙宁中撰《奉元历》,以无候簿未能尽其术,自言得六七而已,然已密于他历。

309. 艾灼之壮

医用艾一灼谓之“一壮”者,以壮人为法。其言若干壮,壮人当依此数,老幼羸弱量力减之。

310. 分曹围棋

四人分曹共围棋者,有术可令必胜,以我曹不能者立于彼曹能者之上,令但求急,先攻其必应,则彼曹能者为其所制,不暇恤局,则常以我曹能者当彼不能者。此虞卿斗马术也。

311. 西戎羊卜

西戎用羊卜,谓之“跋焦”,卜师谓之“厮乩”(必定反)。以艾灼羊髀骨,视其兆,谓之"死跋焦"。其法,兆之上为神明,近脊处为坐位,坐位者主位也,近旁处为客位。盖西戎之俗,所居正寝常留中一间以奉鬼神,不敢居之,谓之神明,主人乃坐其旁,以此占主客胜负。又有先咒粟以食羊,羊食其粟则自摇其首,乃杀羊视其五藏,谓之"生跋焦"。其言极有验,委细之事皆能言之,生跋焦土人尤神之。

312. 梵天寺木塔

钱氏据两浙时,于杭州梵天寺建一木塔,方两三级,钱帅登之,患其塔动,匠师云:"未布瓦,上轻,故如此。"乃以瓦布之而动如初,无可奈何,密使其妻见喻皓之妻,赂以金钗,问塔动之因,皓笑曰:"此易耳,但逐层布板讫,便实钉之则不动矣。"匠师如其言,塔遂定。盖钉板上下弥束,六幕相联如胠箧,人履其板,六幕相持,自不能动。人皆伏其精练。

313. 毛类主五藏各异

医者所论人须发眉虽皆毛类,而所主五藏各异,故有老而须白眉发不白者,或发白而须眉不白者,藏气有所偏故也。大率发属于心,禀火气,故上生;须属肾,禀水气,故下生;眉属肝,〔禀木气,〕故侧生。男子肾气外行,上为须,下为势,故女子、宦人无势则亦无须,而眉发无异于男子,则知不属肾也。

314. 医不可恃书为用

医之为术,苟非得之于心而恃书以为用者,未见能臻其妙。如尤能动钟乳,按《乳石论》曰"服钟乳当终身忌尤",五石诸散用钟乳为主,复用尤,理极相反,不知何谓,余以问老医,皆莫能言其义。按《乳石论》云:"石性虽温而体本沉重,必待其相蒸薄然后发。"如此,则服石多者势自能相蒸,若更以药触之其发必甚,五石散杂以众药,用石殊少,势不能蒸,须藉外物激之令发耳。如火少必因风气所鼓而后发,火盛则鼓之反为害,此自然之理也。故孙思邈云:"五石散大猛毒。宁食野葛,不服五石。遇此方即须焚之,勿为含生之害。"又曰:"人不服石,庶事不佳;石在身中,万事休泰。唯不可服五石散。"盖以五石散聚其所恶,激而用之,其发暴故也。古人处方大体如此,非此书所能尽也,况方书仍多伪杂,如《神农本草》最为旧书,其间差误尤多,医不可以不知也。

315. 芎藭与苦参

余一族子旧服芎藭,医郑叔熊见之云:"芎藭不可久服,多令人暴死。"后族子果无疾而卒。又余姻家朝士张子通之妻因病脑风,服芎藭甚久,亦一旦暴亡,皆余目见者。又余尝苦腰重,久坐则旅拒十余步然后能行,有一将佐见余曰:"得无用苦参洁齿否?"余时以病齿用苦参数年矣,曰:"此病由也。苦参入齿,其气伤肾,能使人腰重。"后有太常少卿舒昭亮用苦参揩齿,岁久亦病腰。自后悉不用苦参,腰疾皆愈。此皆方书旧不载者。

316. 临 帖 之 法

世之摹字者,多为笔势牵制,失其旧迹。须当横摹之,泛然不问其点画,惟旧迹是循,然后尽其妙也。

317. 散 笔 作 书

古人以散笔作隶书,谓之"散隶"。近岁蔡君谟又以散笔作草书,谓之"散草",或曰"飞草"。其法皆生于飞白,亦自成一家。

318. 泻 肝 救 脾

四明僧奉真,良医也。天章阁待制许元为江淮发运使,奏课于京师，方欲入对而其子疾亟，瞑而不食，惙惙欲死逾宿矣，使奉真视之，曰："脾已绝，不可治，死在明日。"元曰："观其疾势，固知其不可救，今方有事须陛对，能延数日之期否？"奉真曰："如此似可。诸脏皆已衰，唯肝脏独过，脾为肝所胜，其气先绝，一脏绝则死。若急泻肝气，令肝气衰则脾少缓，可延三日，过此无术也。"乃投药，至晚乃能张目，稍稍复啜粥，明日渐苏而能食，元甚喜，奉真笑曰："此不足喜，肝气暂舒耳，无能为也。"后三日果卒。

卷十九

器　用

319. 礼图未可为据

礼书所载黄彝，乃画人目为饰，谓之"黄目"。余游关中得古铜黄彝，殊不然，其刻画甚繁，大体似缪篆，又如阑盾间所画回波曲水之文，中间有二目如大弹丸，突起煌煌然，所谓黄目也，视其文，仿佛有牙角口吻之象。或谓黄目乃自是一物。又余昔年在姑熟王敦城下土中得一铜钲，刻其底曰"诸葛士全茖鸣钲"。"茖"即古落字也，此部落之"落"；士全，部将名。其钲中间铸一物，有角，羊头，其身亦如篆文，如今时术士所画符，旁有两字，乃大篆"飞廉"字，篆文亦古怪，则钲间所图盖飞廉也。飞廉，神兽之名。淮南转运使韩持正亦有一钲，所图飞廉及篆字与此亦同，以此验之，则黄目疑亦是一物。飞廉之类，其形状如字非字，如画非画，恐古人别有深理。大抵先王之器皆不苟为，昔夏后铸鼎以知神奸，殆亦此类，恨未能深究其理，必有所谓。或曰礼图樽彝皆以木为之，未闻用铜者。此亦未可质，如今人得古铜樽者极多，安得言无？如礼图瓮以瓦为之，《左传》却有瑶瓮；律以竹为之，晋时舜祠下乃发得玉律。此亦无常法，如蒲谷璧，礼图悉作草稼之象，今世人发古冢得蒲璧，乃刻文蓬蓬如蒲花敷时，谷璧如粟粒耳，则礼图亦未可为据。

320. 云 雷 之 象

礼书言罍画云（罍）〔雷〕之象，然莫知雷作何状。今祭器中画雷，有作鬼神伐鼓之象，此甚不经。余尝得一古铜罍，环其腹皆有画，正如人间屋梁所画曲水,细观之乃是云雷相间为饰。如⌇者,古云字也,象云气之形;如◎者,雷字也,古文⊛为雷,象回旋之声。其铜罍之饰,皆一⌇一◎相间,乃所谓云雷之象也。今《汉书》罍字作"䍀",盖古人以此饰罍,后世字失传耳。

321. 吴　　钩

唐人诗多有言吴钩者,吴钩,刀名也,刃弯。今南蛮用之,谓之"葛党刀"。

322. 矢 服 纳 声

古法以牛革为矢服,卧则以为枕。取其中虚,附地枕之,数里内有人马声则皆闻之,盖虚能纳声也。

323. 郓 州 弩 机

郓州发地得一铜弩机,甚大,制作极工,其侧有刻文曰"臂师虞士,牙师张柔",史传无此色目人,不知何代物也。

324. 神 臂 弓

熙宁中李定献偏架弩,似弓而施干镫,以镫距地而张之,射三百步,能洞重札,谓之"神臂弓",最为利器。李定本党项羌(首)〔酋〕,自投归朝廷,官至防团而死,诸子皆以骁勇雄于西边。

325. 沈 卢 鱼 肠

古剑有沈卢、鱼肠之名沈音湛。沈卢谓其湛湛然黑色也,古人以剂钢为刃,柔铁为茎干,不尔则多断折,剑之钢者刃多毁缺,巨阙是也,故不可纯用剂钢。鱼肠即今蟠钢剑也,又谓之松文,取诸鱼燔熟,褫去胁视见其肠,正如今之蟠钢剑文也。

326. 汉朱鲔墓

济州金乡县发一古冢,乃汉大司徒朱鲔墓,石壁皆刻人物、祭器、乐架之类。人之衣冠多品,有如今之幞头者,巾额皆方,悉如今制,但无脚耳。妇人亦有如今之垂肩冠者,如近年所服角冠,两翼抱面,下垂及肩,略无小异。人情不相远,千余年前冠服已尝如此,其祭器亦有类今之食器者。

327. 古鉴巧智

古人铸鉴,鉴大则平,鉴小则凸。凡鉴洼则照人面大,凸则照人面小,小鉴不能全观人面,故令微凸,收人面令小,则鉴虽小而能全纳人面,仍复量鉴之小大增损高下,常令人面与鉴大小相若。此工之巧智,后人不能造,比得古鉴皆刮磨令平,此师旷所以伤知音也。

328. 肺　　石

长安故宫阙前有唐肺石尚在,其制如佛寺所击响石而甚大,可长八九尺,形如垂肺,亦有款志,但漫剥不可读。按秋官大司寇"以肺石达穷民",原其义,乃伸冤者击之,立其下,然后士听其辞,如今之挝登闻鼓也。所以肺形者便于垂,又肺主声,声所以达其冤也。

329. 顺天得壹钱

熙宁中尝发地得大钱三十余千文,皆"顺天"、"得壹",当时在庭皆疑古无"得壹"年号,莫知何代物。余按《唐书》,史思明僭号,铸"顺天"、"得壹"钱,"顺天"乃其伪年号,"得壹"特以名铸钱耳,非年号也。

330. 透 光 鉴

世有透光鉴,鉴(皆)〔背〕有铭文凡二十字,字极古,莫能读,以鉴承日光,则背文及二十字皆透在屋壁上,了了分明。人有原其理,以为铸时薄处先冷,唯背文上差厚,后冷而铜缩多,文虽在背,而鉴面隐然有迹,所以于光中现。余观之,理诚如是。然余家有三鉴,又见他家所藏,皆是一样,文画铭字无纤异者,形制甚古,唯此一样光透,其他鉴虽至薄者皆莫能透,意古人别自有术。

331. 弩 机 望 山

余顷年在海州,人家穿地得一弩机,其望山甚长,望山之侧为小(短)〔矩〕,如尺之有分寸。原其意,以目注镞端,以望山之度拟之,准其高下,正用算家句股法也。《太甲》曰"往省括于度则释",疑此乃度也。汉陈王宠善弩射,十发十中,中皆同处,其法以"天覆地载,参连为奇,三微三小,三微为经,三小为纬,要在机牙"。其言隐晦难晓,大意"天覆地载",前后手势耳;"(三)〔参〕连为奇"谓以度视镞、以镞视的,参连如衡,此正是句股度高深之术也;三经、三纬则设之于栅,以志其高下左右耳。余尝设三经、三纬,以镞注之发矢,亦十得七八,设度于机定加密矣。

332. 新 莽 铜 匜

余于关中得一铜匜,其背有刻文二十字,曰"律斤衡兰注水匜,容一升,始建国元年正月癸酉造",皆小篆。"律斤"当是官名,《王莽传》中不载。

333. 瘊 子 甲

青堂羌善锻甲,铁色青黑莹彻,可鉴毛发,以麝皮为綇旅之,柔薄而韧。镇戎军有一铁甲,椟藏之,相传以为宝器,韩魏公帅泾原曾取试之,去之五十步,强弩射之不能入,尝有一矢贯札,乃是中其钻空,为钻空所刮,铁皆反卷,其坚如此。凡锻甲之法,其始甚厚,不用火,(今)〔冷〕锻之,比元厚三分减二乃成,其末留箸头许不锻,隐然如瘊子,欲以验未锻时厚薄,如浚河留土笋也,谓之"瘊子甲"。今人多于甲札之背隐起,伪为瘊子,虽置瘊子,但元非精钢,或以火锻为之,皆无补于用,徒为外饰而已。

334. 前 朝 玉 钗

朝士黄秉少居长安,游骊山,值道士理故宫石渠,石下得折玉钗,刻为凤首,已皆破缺,然制作精巧,后人不能为也。郑(愚)〔嵎〕《津阳门》诗曰:"破簪碎钿不足拾,金沟浅溜和缨緌。"非虚语也。余又尝过金陵,人有发六朝陵寝,得古物甚多,余曾见一玉臂钗,两头施转关,可以屈伸,合之令圆,仅于无缝,为九龙绕之,功侔鬼神。世多谓前古民醇,工作率多卤拙,是大不然。古物至巧,正由民醇故也,民醇则百工不苟。后世风俗虽侈,而工之致力不及古人,故物多不精。

335. 藻 井

屋上覆橑,古人谓之"绮井",亦曰"藻井",又谓之"覆海"。今令文中谓之"斗八",吴人谓之"罳顶",唯宫室、祠观为之。

336. 出 土 古 印

今人地中得古印章,多是军中官。古之佩章,罢、免、迁、死皆上印绶,得以印绶葬者极稀,土中所得多是没于行阵者。

337. 唐 玉 辂

大驾玉辂，唐高宗时造，至今进御。自唐至今凡三至泰山登封，其他巡幸莫记其数，至今完壮，乘之安若山岳，以措杯水其上而不摇。庆历中尝别造玉辂，极天下良工为之，乘之动摇不安，竟废不用。元丰中复造一辂，尤极工巧，未经进御，方陈于大庭，车屋适坏，遂压而碎，只用唐辂。其稳利坚久，历世不能窥其法。世传有神物护之，若行诸辂之后则隐然有声。

卷二十

神　奇

338. 雷　斧

世人有得雷斧、雷楔者，云雷神所坠，多于震雷之下得之，而未尝得见。元丰中予居随州，夏月大雷震一木折，其下乃得一楔，信如所传。凡雷斧多以铜、铁为之，楔乃石耳，似斧而无孔。世传雷州多雷，有雷祠在焉，其间多雷斧、雷楔。按图经，雷州境内有雷、擎二水，雷水贯城下，遂以名州，如此则雷自是水名，言多雷乃妄也。然高州有电白县，乃是邻境，又何谓也？

339. 应天寺鳗井

越州应天寺有鳗井，在一大盘石上，其高数丈，井才方数寸，乃一石窍也，其深不可知，唐徐浩诗云"深泉鳗井开"即此也，其来亦远矣。鳗时出游，人取之置怀袖间了无惊猜，如鳗而有鳞，两耳甚大，尾有刃迹，相传云黄巢曾以剑刺之。凡鳗出游，越中必有水旱、疫疠之灾，乡人常以此候之。

340. 宜兴陨石

治平元年常州日禺时，天有大声如雷，乃一（火）〔大〕星，几如月，见于东南，少时而又震一声，移著西南，又一震而坠在宜兴县民许氏园中，远近皆见，火光赫然照天，许氏藩篱皆为所焚。是时火息，视地中有一窍如杯大，极深，下视之星在其中，荧荧然，良久渐暗，尚热不可近，又久之发其窍，深三尺余乃得一圆石，犹热，其大如拳，一头微锐，色如铁，重亦如之。州守郑伸得之，送润州金山寺，至今匣藏，游人到则发视，王无咎为之传甚详。

341. 山 阳 女 巫

山阳有一女巫，其神极灵，余伯氏尝召问之，凡人间物，虽在千里之外，问之皆能言，乃至人中心萌一意，已能知之。坐客方弈棋，试数白黑棋握手中，问其数莫不符合，更漫取一把棋不数而问之，则亦不能知数。盖人心所知者，彼亦知之，心所无则莫能知，如季咸之见壶子、大耳三藏观忠国师也。又问以巾箧中物，皆能悉数，时伯氏有《金刚经》百册，盛大箧中，指以问之："其中何物？"则曰："空箧也。"伯氏乃发以示之，曰："此有百册佛经，安得曰空箧？"巫良久又曰："空箧耳，安能欺我。"此所谓文字相空，因真心以显非相，宜其鬼神所不能窥也。

342. 神 仙 传 闻

神仙之说传闻固多，余之目睹者二事。供奉官陈允任衢州监酒务日，允已老，发秃齿脱，有客候之，称孙希龄，衣服甚褴缕，赠允药一刀圭，令揩齿，允不甚信之。暇日因取揩上齿，数揩而良，（久）〔及〕归家，家人见之皆笑曰："何为以墨染须？"允惊，以鉴照之，上髭黑如漆矣，急去巾视，童首之发已长数寸，脱齿亦隐然有生者。余见允时年七十余，上髭及发尽黑，而下髭如雪。

又正郎萧渤罢白波辇运，至京师，有黥卒姓石，能以瓦石沙土手挼之悉成银，渤厚礼之问其法，石曰："此真气所化，未可遽传。若服丹药，可呵而变也。"遂授渤丹数粒，渤饵之，取瓦石呵之亦皆成银。渤乃丞相荆公姻家，是时丞相当国，余为宰士，目睹此事。都下士人求见石者如市，遂逃去不知所在，石才去渤之术遂无验。石，齐人也，时曾子固守齐，闻之亦使人访其家，了不知石所在。

渤既服其丹，亦宜有补年寿，然不数年间渤乃病卒，疑其所化特幻耳。

343. 佛　牙

熙宁中余察访过咸平，是时刘定子先知县事，同过一佛寺，子先谓余曰："此有一佛牙甚异。"余乃斋洁取视之，其牙忽生舍利，如人身之汗飒然涌出，莫知其数，或飞空中，或坠地，人以手承之即透过，著床榻摘然有声，〔复〕透下，光明莹彻，烂然满目。余到京师，盛传于公卿间，后有人迎至京师，执政官取入东府，以次流布士大夫之家，神异之迹不可悉数，有诏留大相国寺，创造木浮图以藏之，今相国寺西塔是也。

344. 菜花变异

菜品中芜菁、菘、芥之类，遇旱其标多结成花，如莲花，或作龙蛇之形。此常性，无足怪者。熙宁中李宾客及之知润州，园中菜花悉成荷花，仍各一佛坐于花中，形如雕刻，莫知其数，暴干之其相依然。或云李君之家奉佛甚笃，因有此异。

345. 彭蠡小龙

彭蠡小龙显异至多，人人能道之，一事最著。熙宁中王师南征，有军仗数十船泛江而南，自离真州即有一小蛇登船，船师识之，曰："此彭蠡小龙也，当是来护（君）〔军〕仗耳。"主典者以洁器荐之，蛇伏其〔中〕，船乘便风，日棹数百里未尝有波涛之恐，不日至洞庭，蛇乃附一商人船回南康。世传其封域止于洞庭，未尝逾洞庭而南也。有司以状闻，诏封神为顺济王，遣礼官林希致诏。子中至祠下焚香毕，空中忽有一蛇坠祝肩上，祝曰："龙君至矣。"其重一臂不能胜，徐下至几案间，首如龟，不类蛇首也，子中致诏意曰："使人至此，斋三日然后致祭。王受天子命,不可以不斋戒。"蛇受命,径入银香奁中,蟠三日不动。祭之日,既酹酒,蛇乃自奁中引首吸之。俄出循案行,色如湿胭脂,烂然有光,穿一剪彩花过,其尾尚赤,其前已变为黄矣,正如雌黄色,又过一花复变为绿,如嫩草之色,少顷行上屋梁,乘纸旛脚以行,轻若鸿毛,倏忽入帐中,遂不见。明日子中还,蛇在船后送之,逾彭蠡而回。此龙常游舟楫间,与常蛇无辨,但蛇行必蜿蜒,而此乃直行,江人常以此辨之。

346. 龙　　卵

天圣中近辅献龙卵,云得自大河中,诏遣中人送润州金山寺。是岁大水,金山庐舍为水所漂者数十间,人皆以为龙卵所致。至今楼藏,余屡见之,形类、色理都如鸡卵,大若五斗囊,举之至轻,唯空壳耳。

347. 雷　　火

内侍李舜举家曾为暴雷所震,其堂之西室雷火自窗间出,赫然出檐,人以为堂屋已焚,皆出避之,及雷止其舍宛然,墙壁、窗纸皆黔。有一木格,其中杂贮诸器,其漆器银釦者,银悉镕流在地,漆器曾不焦灼,有一宝刀极坚钢,就刀室中镕为汁,而室亦俨然。人必谓火当先焚草木,然后流金石,今乃金石皆铄而草木无一毁者,非人情所测也。佛书言"龙火得水而炽,人火得水而灭",此理信然。人但知人境中事耳,人境之外,事有何限,欲以区区世智情识穷测至理,不其难哉。

348. 知 道 效 验

知道者苟求至脱然,随其所得浅深,皆有效验。尹师鲁自直龙图阁谪官,过梁下,与一佛者谈,师鲁自言以静退为乐,其人曰:"此犹有〔所〕系,不若进退两忘。"师鲁顿若有所得,自为文以记其说。后移邓州,是时范文正公守南阳,少日,师鲁忽手书与文正别,仍嘱以后事。文正极讶之，时方馈客，掌书记朱炎在(室)〔坐〕，炎老人好佛学，文正以师鲁书示炎，曰："师鲁迁谪失意，遂至乖理，殊可怪也。宜往见之，为致意开譬之，无使成疾。"炎即诣尹，而师鲁已沐浴衣冠而坐，见炎来道文正意，乃笑曰："何希文犹以生人见待？洙死矣。"与炎谈论顷时，遂隐几而卒。炎急使人驰报文正，文正至，哭之甚哀，师鲁忽举头曰："早已与公别，安用复来？"文正惊问所以，师鲁(哭)〔笑〕曰："死生常理也，希文岂不达此。"又问其后事，尹曰："此在公耳。"乃揖希文，复逝，俄顷又举头顾希文曰："亦无鬼神，亦无恐怖。"言讫遂长往。师鲁所养至此，可谓有力矣，尚未能脱有无之见何也？得非进退两忘犹存于胸中欤。

349. 预 知 死 日

吴人郑夷甫少年登科，有美才，嘉祐中监高邮军税务，尝遇一术士能推人死期，无不验者，令推其命，不过三十五岁，忧伤感叹，殆不可堪，人有劝其读《老》、《庄》以自广。久之，润州金山有一僧，端坐与人谈笑间遂化去，夷甫闻之喟然叹息曰："既不得寿，得如此僧复何憾哉。"乃从佛者授《首楞严经》，径迁吴中，岁余忽有所见，曰："生死之理我知之矣。"遂释然放怀，无复芥蒂。后调封州判官，预知死日，先期旬日作书与交游、亲戚叙诀，及次叙家事备尽，至期沐浴更衣，公舍外有小园，面溪一亭洁饰，夷甫至其间，亲督人洒扫及焚香，挥手指画之间，屹然立化，家人奔出呼之，已立僵矣，亭亭如植木，一手犹作指画之状，郡守而下少时皆至，士民观者如墙，明日乃就敛。高邮崔伯易为墓志，略叙其事。余与夷甫远亲，知之甚详，士人中盖未曾有此事。

350. 事 非 前 定

人有前知者，数千百年事皆能言之，梦寐亦或有之，以此知万事无不前定。余以谓不然，事非前定，方其知时即是今日，中间年岁亦与此同时，元非先后。此理宛然，熟观之可谕。或曰"苟能前知，事有不利者可迁避之",亦不然也,苟可迁避,则前知之时已见所避之事,若不见所避之事即非前知。

351. 吴 僧 文 捷

吴僧文捷戒律精苦,奇迹甚多,能知宿命,然罕与人言,余群从遘为知制诰知杭州,礼为上客。遘尝学诵揭帝咒,多未有人知,捷一日相见曰:"舍人诵咒何故阙一句?"既而思其所诵,果少一句。浙人多言文通不寿,一日斋心,往问捷,捷曰:"公更三年为翰林学士,寿四十岁,后当为地下职任,事权不减生时,与杨乐道待制联曹,然公此时当衣衰经视事。"文通闻之大骇曰:"数十日前曾梦杨乐道相过,云:'受命与公同职事,所居甚乐,慎勿辞也。'"后数年果为学士,而丁母丧,年三十九矣。明年秋捷忽使人与文通诀别,时文通在姑苏,急往钱塘见之,捷惊曰:"公大期在此月,何用更来?宜即速还。"屈指计之,曰:"急行尚可到家。"文通如其言驰还,遍别骨肉,是夜无疾而终。捷与人言多如此,不能悉记,此吾家事耳。

捷尝持如意轮咒,灵变尤多,瓶中水咒之则涌立,畜一舍利,昼夜常转于琉璃瓶中,捷行道绕之,捷行速则舍利亦速,行缓则舍利亦缓。士人郎忠厚事之至谨,就捷乞(一)〔以〕舍利,捷遂与之,封护甚严,一日忽失所在,但空瓶耳,忠厚斋戒延捷加持,少顷见观音像衣上一物蠢蠢而动,疑其虫也,试取乃所亡舍利。如此者非一。忠厚以余爱之,持以见归,余家至今严奉,盖神物也。

352. 蛤 筒 藏 经

郢州渔人掷网于汉水,至一潭底,举之觉重,得一石长尺余,圆直如断椽,细视之乃群小蛤鳞次相比,绸缪巩固,以物试抶其一端,得一书卷,乃唐天宝年所造《金刚经》,题志甚详,字法奇古,其末云"医博士摄比阳县令朱均施"。比阳乃唐州属邑,不知何年坠水中,首尾略无沾渍。为土豪李孝源所得,孝源素奉佛,宝藏其书,蛤筒复养之水中,客至欲见则出以视之。孝源因感经像之胜异,施家财万余缗,写佛经一藏于郢州兴阳寺,特为严丽。

353. 张 咏 前 知

张忠定少时谒华山陈图南,遂欲隐居华山,图南曰:“他人即不可知,如公者吾当分半以相奉,然公方有官职,未可议此,其势如失火家待君救火,岂可不赴也?”乃赠以一诗曰:“自吴入蜀是寻常,歌舞筵中救火忙。乞得金陵养闲散,亦须多谢鬓边疮。”始皆不谕其言,后忠定更镇杭、益,晚年有疮发于项后,治不差,遂自请得金陵,皆如此诗言。忠定在蜀日与一僧善,及归谓僧曰:“君当送我至鹿头,有事奉托。”僧依其言至鹿头关,忠定出一书封角付僧,曰:“谨收此,后至乙卯年七月二十六日,当请于官司对众发之。慎不可私发,若不待其日及私发者,必有大祸。”僧得其书,至大中祥符(七)〔八〕年岁乙卯,时凌侍郎策帅蜀,僧乃持其书诣府,具陈忠定之言,其僧亦有道者,凌信其言,集从官共开之,乃忠定真容也,其上有手题曰“咏当血食于此”。后数日得京师报,忠定以其年七月二十六日捐馆,凌乃为之筑庙于成都。蜀人自唐以来严祀韦南康,自此乃改祠忠定至今。

354. 龙 寿 丹

熙宁七年,嘉兴僧道亲,号通照大师,为秀州副僧正。因游温州雁荡山,自大龙湫回,欲至瑞鹿(苑)〔院〕,见一人衣布襦行涧边,身轻若飞,履木叶而过,叶皆不动,心疑其异人,乃下涧中揖之,遂相与坐于石上,问其氏族、闾里、年齿皆不答,须发皓白,面色如少年,谓道亲曰:“今宋朝第六帝也,更后九年当有疾,汝可持吾药献天子。此药人臣不可服,服之有大责,宜善保守。”乃探囊出一丸,指端大,紫色,重如金锡,以授道亲曰:“龙寿丹也。”欲去又谓道亲曰:“明年岁当大疫,吴、越尤甚,汝名已在死籍,今食吾药,勉修善业,当免此患。”探囊中取一柏叶与之,道亲实时食之,老人曰:“定免矣。慎守吾药,至癸亥岁自诣阙献之。"言讫遂去。南方大疫，两浙无贫富皆病，死者十有五六，道亲殊无恙。至元丰六年夏，梦老人趣之曰："时至矣，何不速诣阙献药？"梦中为雷电驱逐，惶惧而起，径诣秀州，具述本末，谒假入京，诣尚书省献之。执政亲问，以为狂人，不受其献，明日因对奏知，上急使人追寻，付内侍省问状，以所遇对。未数日，先帝果不豫，乃使勾当御药院梁从政持御香，赐装钱百千，同道亲乘驿诣雁荡山求访老人，不复见，乃于初遇处焚香而还。先帝寻康复，谓辅臣曰："此但预示服药兆耳。"闻其药至今在彰善阁，当时不曾进御。

355. 应 元 保 运

庐山太平观乃九天采访使者祠，自唐开元中创建，元丰二年道士陶智仙营一舍，令门人陈若拙董作，发地忽得一瓶，封镝甚固，破之，其中皆五色土，唯有一铜钱，文有"应〔天〕〔元〕保运"四字，若拙得之以归其师，不甚为异。至元丰四年忽有诏进号九天采访使者为应元保运真君，遣内侍廖维持御书殿额赐之，乃与钱文符同。时知制诰熊本提举太平观，具闻其事，召本观主首推诘其详，审其无伪，乃以其钱付廖维表献之。

356. 鸦 觜 金

祥符中方士王捷，本黥卒，尝以罪配沙门岛，能作黄金。有老锻工毕升，曾在禁中为捷锻金，升云："其法为炉灶，使人隔墙鼓鞴，盖不欲人觇其启闭也。其金，铁为之，初自治中出，色尚黑。凡百余两为一饼，每饼辐解，凿为八片，谓之'鸦觜金'者是也。"今人尚有藏者。上令尚方铸为金龟、金牌各数百，龟以赐近臣，人一枚，时受赐者除戚里外，在庭者十有七人，余悉埋玉清昭应宫宝符阁及殿基之下以为宝镇；牌赐天下州、府、军、监各一，今谓之"金宝牌"者是也。洪州李简夫家有一龟，乃其伯祖虚己所得者，盖十七人之数也。其龟夜中往往出游，烂然有光，掩之则无所得，其家至今椟藏。

卷二十一

异　　事异疾附

357. 虹

世传虹能入溪涧饮水，信然。熙宁中余使契丹，至其极北黑水境永安山下卓帐，是时新雨霁，见虹下帐前涧中，余与同职扣涧观之，虹两头皆垂涧中，使人过涧隔虹对立，相去数丈，中间如隔（绢）〔绡〕縠，自西望东则见，盖（反）〔夕〕虹也。立涧之东西望则为日所铄，都无所睹，久之稍稍正东，逾山而去。次日行一程，又复见之。孙彦先云："虹乃雨中日影也，日照雨则有之。"

358. 墙　　字

皇祐中，苏州民家一夜有人以白垩书其墙壁，悉似"在"字，字稍异，一夕之间数万家无一遗者，至于卧内深隐之处户牖间无不到者，莫知其然，后亦无他异。

359. 尸　毗　王　墓

延州天山之巅有奉国佛寺，寺庭中有一墓，世传尸毗王之墓也。尸毗王出于佛书《大智论》，言尝割身肉以饲饿鹰，至割肉尽。今天山之下有濯筋河，其县为肤施县，详肤施之义，亦与尸毗王说相符。按《汉书》，肤施县乃秦县名，此时尚未有佛书，疑后人傅会县名为说。虽有唐人一碑，已漫灭断折不可读。庆历中施昌言镇鄜延，乃坏奉国寺为仓，发尸毗墓，得千余秤炭，其棺椁皆朽，有枯骸尚完，胫骨长二尺余，颅骨大如斗，并得玉环玦七十余件，玉冲牙长仅盈尺，皆为在位者所取，金银之物则入于役夫，争取珍宝，遗骸多为拉碎，但贮一小函中埋之。东上阁门使夏元象时为兵马都监，亲董是役，为余言之甚详。至今天山仓侧，昏后独行者往往与鬼神遇，郡人甚畏之。

360. 夹　　镜

余于谯亳得一古镜，以手循之，当其中心则摘然如灼龟之声，人或曰此夹镜也。然夹不可铸，须两重合之，此镜甚薄，略无焊迹，恐非可合也，就使焊之，则其声当铣塞，今扣之其声泠然纤远。既因抑按而响，刚铜当破，柔铜不能如此澄莹洞澈，历访镜工皆罔然不测。

361. 雷击显字

世传湖湘间因震雷，有鬼神书"谢仙火"三字于木柱上，其字入木如刻，倒书之。此说甚著。近岁秀州华亭县亦因雷震，有字在天王寺屋柱上，亦倒书，云"高洞杨鸦一十六人火令章"凡十一字，内"令章"两字特奇劲，似唐人书体，至今尚在，颇与"谢仙火"事同。所谓"火"者，疑若队伍若干人为一火耳。余在汉东时，清明日雷震死二人于州守园中，胁上各有两字，如墨笔画，扶疏类柏叶，不知何字。

362. 元绛异梦

元厚之少时曾梦人告之："异日当为翰林学士，须兄弟数人同在禁林。"厚之自思素无兄弟，疑此梦为不然。熙宁中厚之除学士，同时相先后入学士院，一人韩持国维、一陈和叔绎、一邓文约绾、一杨元素绘，并厚之名绛，五人名皆从系，始悟兄弟之说。

363. 木 中 有 文

　　木中有文，多是柿木。治平初杭州南新县民家析柿木，中有"上天大國"四字，余亲见之，书法类颜真卿，极有笔力，"國"字中间"或"字仍起挑作尖口，全是颜笔，知其非伪者。其横画即是横理，斜画即是斜理。其木直剖，偶当"天"字中分，而"天"字不破，上下两画并一脚皆横挺出半指许，如木中之节，以两木合之如合契焉。

364. 冷 光

　　卢中甫家吴中，尝未明而起，墙柱之下有光熠然，就视之似水而动，急以油纸扇挹之，其物在扇中混漾，正如水银而光艳烂然，以火烛之则了无一物。又魏国大主家亦尝见此物。李团练评尝言予，与中甫所见无少异，不知何异也。余昔年在海州，曾夜煮盐鸭卵，其间一卵烂然通明如玉，荧荧然屋中尽明，置之器中十余日，臭腐几尽，愈明不已。苏州钱僧孺家煮一鸭卵亦如是。物有相似者，必自是一类。

365. 乡 民 咒 术

　　余在中书检正时阅雷州奏牍，有人为乡民诅死。问其状，乡民能以熟食咒之，俄顷脍炙之类悉复为完肉，又咒之则熟肉复为生肉，又咒之则生肉能动，复使之能活，牛者复为牛、羊者复为羊，但小耳，更咒之则渐大，既而复咒之则还为熟食。人有食其肉，觉腹中淫淫而动，必以金帛求解，金帛不至则腹裂而死，所食牛羊自裂出中。狱具案上，观其咒语，但曰"东方王母桃，西方王母桃"两句而已，其他但道其所欲，更无他术。

366. 印 子 金

　　寿州八公山侧土中及溪涧之间，往往得小金饼，上有篆文"刘主"

字，世传淮南王药金也。得之者至多，天下谓之“印子金”是也。然止于一印，重者不过半两而已，鲜有大者。余尝于寿春渔人处得一饼，言得于淮水中，凡重七两余，面有二十余印，背有五指及掌痕，纹理分明，传者以谓埏之所化，手痕正如握埏之迹。襄、随之间故春陵、白水地，发土多得金麟趾、褭蹄。麟趾中空，四旁皆有文，刻极工巧；褭蹄作团饼，四边无模范迹，似于平物上滴成，如今干柿，土人谓之“柿子金”。《赵飞燕外传》“帝窥赵昭仪浴，多袖金饼以赐侍儿私婢”，殆此类也。一枚重四两余，乃古之一斤也。色有紫艳，非他金可比。以刀切之，柔甚于铅，虽大块亦可刀切，其中皆虚软，以石磨之则霏霏成屑。小说〔谓〕麟趾、褭蹄乃娄敬所为药金，方家谓之“娄金”，和药最良，《汉书》注亦云异于他金。余在汉东，一岁凡数家得之，有一窖数十饼者，余亦买得一饼。

367. 紫 姑 灵 异

旧俗正月望夜迎厕神，谓之“紫姑”。亦不必正月，常时皆可召，余幼时见小儿辈等闲则召之，以为嬉笑。亲戚间曾有召之而不肯去者，两见有此，自后遂不敢召。景祐中，太常博士王纶家因迎紫姑，有神降其闺女，自称上帝后宫诸女，能文章，颇清丽，今谓之《女仙集》，行于世。其书有数体，甚有笔力，然皆非世间篆隶，其名有“藻笺篆”、“茁金篆”十余名，纶与先君有旧，余与其子弟游，见其笔迹。其家亦时见其形，但自腰以上见之乃好女子，其下常为云气所拥，善鼓筝，音调凄婉，听者忘倦。尝谓其女曰：“能乘云与我游乎？”女子许之，乃自其庭中涌白云如蒸，女子践之云不能载，神曰：“汝履下有秽土，可去履而登。”女子乃袜而登，如履缯絮，冉冉至屋复下，曰：“汝未可往，更期异日。”后女子嫁，其神乃不至，其家了无祸福，为之记传者甚详。此余目见者，粗志于此。近岁迎紫姑仙者极多，大率多能文章歌诗，有极工者，余屡见之，多自称蓬莱谪仙，医、卜无所不能，棋与国手为敌，然其灵异显著无如王纶家者。

368. 奇　　疾

世有奇疾者。吕缙叔以知(知)〔制〕诰知颍州，忽得疾，但缩小，临终仅如小儿。古人不曾有此疾，终无人识。有松滋令姜愚，无他疾，忽不识字，数年方稍稍复旧。又有一人家妾，视直物皆曲，弓弦、界尺之类视之皆如钩，医僧奉真亲见之。江南逆旅中一老妇，啖物不知饱，徐德占过逆旅，老妇愬以饥，其子耻之，对德占以蒸饼啖之，尽一竹篑约百饼，犹称饥不已，日饭一石米，随即痢之，饥复如故。京兆醴泉主簿蔡绳，余友人也，亦得饥疾，每饥，立须啖〔物〕，稍迟则顿仆闷绝，怀中常置饼饵，虽对贵官，遇饥亦便龁啖。绳有美行，博学有文，为时闻人，终以此不幸，无人识其疾，每为之哀伤。

369. 扬 州 夜 明 珠

嘉祐中扬州有一珠甚大，天晦多见，初出于天长县陂泽中，后转入甓社湖，又后乃在新开湖中，凡十余年，居民、行人常常见之。余友人书斋在湖上，一夜忽见其珠甚近，初微开其房，光自吻中出，如横一金线，俄顷忽张壳，其大如半席，壳中白光如银，珠大如拳，烂然不可正视，十余里间林木皆有影，如初日所照，远处但见天赤如野火，倏然远去，其行如飞，浮于波中，杳杳如日。古有明月之珠，此珠色不类月，荧荧有芒焰，殆类日光。崔伯易尝为《明珠赋》，伯易高邮人，盖常见之。近岁不复出，不知所往。樊良镇正当珠往来处，行人至此，往往维船数宵以待现，名其亭为"玩珠"。

370. 登 州 地 震

登州巨嵎山下临大海，其山有时震动，山之大石皆颓入海中，如此已五十馀年，土人皆以为常，莫知何谓。

371. 滴 翠 珠

士人宋述家有一珠,大如鸡卵,微绀,色莹澈如水,手持之映空而观,则末底一点凝翠,其上色渐浅,若回转则翠处常在下,不知何物,或谓之"滴翠珠"。佛书"西域有琉璃珠,投之水中虽深皆可见,如人仰望虚月影",疑此近之。

372. 海 市

登州海中时有云气,如宫室、台观、城堞,人物、车马、冠盖历历可见,谓之"海市"。或曰蛟蜃之气所为,疑不然也。欧阳文忠曾出使河朔,过高唐县,驿舍中夜有鬼神自空中过,车马、人畜之声一一可辨,其说甚详,此不具纪。问本处父老,云二十年前尝昼过县,亦历历见人物,土人亦谓之"海市",与登州所见大略相类也。

373. 延 州 石 笋

近岁延州永宁关大河岸崩,入地数十尺,土下得竹笋一林凡数百茎,根干相连,悉化为石。适有中人过,亦取数茎去,云欲进呈。延郡素无竹,此入在数十尺土下,不知其何代物,无乃旷古以前地卑气湿而宜竹邪?婺州金华山有松石,又如核桃、芦根、鱼蟹之类皆有成石者,然皆其地本有之物,不足深怪,此深地中所无,又非本土所有之物,特可异耳。

374. 泽 州 石 蛇

治平中泽州人家穿井,土中见一物蜿蜒如龙蛇状,畏之不敢触,久之见其不动,试摸之乃石也,村民无知,遂碎之。时程伯纯为晋城令,求得一段,鳞甲皆如生物。盖蛇蜃所化,如石蟹之类。

375. 息　　石

随州医蔡士宁尝宝一息石，云数十年前得于一道人。其色紫光如辰州丹砂，极光莹如映，人搜和药剂，有缠纽之纹，重如金锡，其上有两三窍，以细蒌剔之，出赤屑如丹砂，病心狂热者服麻子许即定，其斤两岁息。士宁不能名，乃以归余。或云昔人所炼丹药也。形色既异，又能滋息，必非凡物，当求识者辨之。

376. 买　杖　伏　法

随州大洪山人李遥，杀人亡命逾年，至秭归，因出市见鬻柱杖者，等闲以数十钱买之。是时秭归适又有邑民为人所杀，求贼甚急，民之子见遥所操杖，识之曰"此吾父杖也"，遂以告官司，执遥验之，果邑民之杖也，榜掠备至。遥实买杖，而鬻者已不见，卒未有以自明，有司诘其行止来历，势不可隐，乃递随州而大洪杀人之罪遂败，卒不知鬻杖者何人。市人千万而遥适值之，因缘及其隐匿，此亦事之可怪者。

377. 天　　禄

至和中交趾献麟，如牛而大，通身皆大鳞，首有一角。考之记传与麟不类，当时有谓之山犀者，然犀不言有鳞，莫知其的。〔回〕诏欲谓之麟则虑夷獠见欺，不谓之麟则未有以质之，止谓之"异兽"，最为慎重有体。今以余观之，殆天禄也。按《〔后〕汉书》"灵帝中平三年，铸天禄、虾蟆于平（津）门外"，注云："天禄，兽名。今邓州南阳县北宗资碑旁两兽，镌其膊，一曰'天禄'、一曰'辟邪'。"元丰中余过邓境，闻此石兽尚在，使人墨其所刻"天禄"、"辟邪"字观之，似篆似隶，其兽有角鬣，大鳞如手掌。南丰曾阜为南阳令，题宗资碑阴云："二兽膊之所刻独在，制作精巧，高七八尺，尾鬣皆鳞甲，莫知何象而名此也。"今详其形，甚类交趾所献异兽，知其必天禄也。

378. 舒 屈 剑

钱塘有闻人绍者尝宝一剑,以十大钉陷柱中,挥剑一削,十钉皆截,隐如秤衡,而剑锋无纤迹,用力屈之如钩,纵之铿然有声,复直如弦。关中种谔亦畜一剑,可以屈置盒中,纵之复直。张景阳《七命》论剑曰"若其灵宝则舒屈无方",盖自古有此一类,非常铁能为也。

379. 前 知 鉴

嘉祐中伯兄为卫尉丞,吴僧持一宝鉴来云:"斋戒照之,当见前途吉凶。"伯兄如其言,乃以水濡其鉴,鉴不甚明,仿佛见如人衣绯衣而坐。是时伯兄为京寺丞,衣绿,无缘遽有绯衣,不数月英宗即位,覃恩赐绯。后数年僧至京师,蔡景繁时为御史,尝照之,见己著貂蝉,甚自喜,不数日摄官奉祀,遂假蝉冕。景繁终于承议郎,乃知鉴之所卜,唯知近事耳。

380. 三 司 凶 宅

三司使宅本印经院,熙宁中更造三司宅,自薛师政经始,宅成,日官周琮曰:"此宅前河,后直太社,不利居者。"始自元厚之,自拜日入居之,不久厚之谪去,而曾子宣继之,子宣亦谪去,子厚居之,子厚又逐,而余为三司使亦以罪去,李奉世继为之,而奉世又谪,皆不缘三司职事,悉以他坐褫削。奉世去,安厚卿主计而三司官废,宅毁为官寺,厚卿亦不终任。

381. 鳄 鱼

《岭表异物志》记鳄鱼甚详。余少时到闽中,时王举直知潮州,钓得一鳄,其大如船,画以为图而自序其下。大体其形如鼍,但喙长等其身,牙如锯齿。有黄、苍二色,或时有白者。尾有三钩,极铦利,遇鹿、豕即以尾戟之以食。生卵甚多，或为鱼，或为鼍、鼋，其为鳄者不过一二。土人设钩于大豕之身，筏而流之水中，鳄尾而食之则为所毙。

382. 海 蛮 师

嘉祐中海州渔人获一物，鱼身而首如虎，亦作虎文，有两短足在肩，指爪皆虎也，长八九尺，视人辄泪下，舁至郡中数日方死。父老云昔年曾见之，谓之"海蛮师"，然书传小说未尝载，疑此物即虎头鲨也能变虎。

383. 邕 州 泥 佛

邕州交寇之后，城垒方完，有定水精舍泥佛辄自动摇，昼夜不息，如此逾月。时新经兵乱，人情甚惧，有司不敢隐，具以上闻，遂有诏令置道场禳谢，动亦不已。时刘初知邕州，恶其惑众，乃舁像投江中，至今亦无他异。

384. 地 内 宿 藏

洛中地内多宿藏，凡置第宅未经掘者，例出掘钱。张文孝左丞始以数千缗买洛大第，价已定，又求掘钱甚多，文孝必欲得之，累增至千余缗方售，人皆以为妄费。乃营建庐舍，土中得一石匣，不甚大而刻镂精妙，皆为花鸟异形，顶有篆字二十余，书法古怪，无人能读，发匣得黄金数百两，鬻之，金价正如置第之直，顾掘钱亦在其数，不差一钱。观其款识文画皆非近古所有，数已前定，则虽欲无妄费，安可得也？

385. 恩 州 旋 风

熙宁九年恩州武城县有旋风自东南来，望之插天如羊角，大木尽拔，俄顷旋风卷入云霄中，既而渐近，乃经县城，官舍、民居略尽，悉卷入云中,县令儿女、奴婢卷去复坠地,死伤者数人,民间死伤亡失者不可胜计,城悉为丘墟,遂移今县。

386. 冰　　花

宋次道《春明退朝录》言:"天圣中青州盛冬浓霜,屋瓦皆成百花之状。"此事五代时已尝有之,余亦自两见如此。庆历中,京师集禧观渠中冰纹皆成花果林木;元丰末余到秀州,人家屋瓦上冰亦成花,每瓦一枝,正如画家所为折枝,有大花如牡丹、芍药者,细花如海棠、萱草辈者,皆有枝叶,无毫发不具,气象生动,虽巧笔不能为之,以纸拓之无异石刻。

387. 河 州 雹 异

熙宁中河州雨雹,大者如鸡卵,小者如莲芡,悉如人头,耳目口鼻皆具,无异镌刻。次年王师平河州,蕃戎授首者甚众,岂克胜之符预告邪?

卷二十二

谬 误谲诈附

388. 竹 箭

"东南之美,有会稽之竹箭",竹为竹,箭为箭,盖二物也。今采箭以为矢而通谓矢为箭者,因其材名之也,至于用木为笴而谓之箭则缪矣。

389. 丁 谓 智 变

丁晋公之逐,士大夫远嫌,莫敢与之通声问。一日忽有一书与执政,执政得之不敢发,立具上闻,洎发之乃表也,深自叙致,词颇哀切,其间两句曰"虽迁陵之罪大,念立主之功多",遂有北还之命。谓多智变,以流人无因达章奏,遂托为执政书,度以上闻,因蒙宽宥。

390. 谬以屏为反坫

尝有人自负才名,后为进士状首,敷历贵近,曾谪官知海州,有笔工善画水,召使画便厅掩障,自为之记,自书于壁间,后人以其时名,至今严护之,其间叙画水之因曰"设于厅事以代反坫",人莫不怪之。余窃意其心,以谓"邦君树塞门,管氏亦树塞门;邦君为两君之好有反坫,管氏亦有反坫",其文相属,故谬以屏为反坫耳。

391.《酉阳杂俎》记事多诞

段成式《酉阳杂俎》记事多诞,其间叙草木异物尤多谬妄,率记异国所出，欲无根柢。如云"一木五香，根旃檀、节沉香、花鸡舌、叶藿、胶熏陆"，此尤谬，旃檀与沉香两木元异，鸡舌即今丁香耳，今药品中所用者亦非，藿香自是草叶，南方至多，熏陆小木而大叶，海南亦有熏陆，乃其胶也，今谓之"乳头香"。五物迥殊，元非同类。

392. 内府比玉带

丁晋公从车驾巡幸，礼成，有诏赐辅臣玉带。时辅臣八人，行在祇候库止有七带，尚衣有带，谓之"比玉"，价直数百万，上欲以赐辅臣，以足其数。晋公心欲之，而位在七人之下，度必不及己，乃谕有司不须发尚衣带，自有小私带，且可服之以谢，候至京别赐可也，有司具以此闻。既各受赐，而晋公一带仅如指阔，上顾谓近侍曰："丁谓带与同列大殊，速求一带易之。"有司奏唯有尚衣御带，遂以赐之。其带熙宁中复归内府。

393. 黄宗旦病目

黄宗旦晚年病目，每奏事先具奏目，成诵于口，至上前展奏目诵之，其实不见也。同列害之，密以他书易其奏目，宗旦不知也，至上前所诵与奏目不同，归乃觉之，遂乞致仕。

394. 卖卜术

京师卖卜者，唯利举场时举人占得失。取之各有术，有求目下之利者，凡有人问皆曰必得，士人乐得所欲，竞往问之；有邀以后之利者，凡有人问悉曰不得，下第者常过十分之七，皆以为术精而言直，后举倍获，有因此著名，终身飨利者。

395. 吏欺包拯

包孝肃尹京，号为明察。有编民犯法当杖脊，吏受赇，与之约曰："今见尹,必付我责状,汝第呼号自辩,我与汝分此罪,汝决杖,我亦决杖。"既而包引囚问毕,果付吏责状,囚如吏言分辩不已,吏大声诃之曰："但受脊杖出去,何用多言!"包谓其市权,捽吏于庭,杖之(七十)〔十七〕,特宽囚罪,止从杖坐,以抑吏势,不知乃为所卖,卒如素约。小人为奸,固难防也。孝肃天性峭严,未尝有笑容,人谓包希仁笑比黄河清。

396. 江 淮 茶 纲

李溥为江淮发运使,每岁奏计,则以大船载东南美货结纳当途,莫知纪极。章献太后垂帘时,溥因奏事盛称浙茶之美,云:"自来进御唯建州饼茶,而浙茶未尝修贡,本司以羡余钱买到数千斤,乞进入内。"自国门挽船而入,称"进奉茶纲",有司不敢问,所贡余者悉入私室。溥晚年以贿败,窜谪海州,然自此遂为发运司岁例,每发运使入奏,舳舻蔽川,自泗州七日至京。余出使淮南时见有重载入汴者,求得其籍,言两浙笺纸三暖船,他物称是。

397. 瓦 　 松

崔融为《瓦松赋》云:"谓之木也,访山客而未详;谓之草也,验农皇而罕记。"段成式难之曰"崔公博学,无不该悉,岂不知瓦松已有著说",引梁简文诗"依檐映昔邪"。成式以昔邪为瓦松,殊不知昔邪乃是垣衣,瓦松自名昨叶何,成式亦自不识。

398. 陈 彭 年 博 学

江南陈彭年博学书史,于礼文尤所详练,归朝列于侍从,朝廷郊庙礼仪多委彭年裁定,援引故事颇为该洽。尝摄太常卿,(道)〔导〕驾误行黄道上,有司止之,彭年正色回顾曰:"自有典故。"礼曹素畏其该洽,不复敢诘问。

399. 车　　渠

海物有车渠，蛤属也，大者如箕，背有渠垄如蚶壳，攻以为器，致如白玉，生南海。《尚书大传》曰："文王囚于羑里，散宜生得大贝如车渠，以献纣。"郑康成乃解之曰："渠，车罔也。"盖康成不识车渠，谬解之耳。

400. 雅　　言

李献臣好为雅言，曾知郑州，时孙次公为陕漕罢赴阙，先遣一使臣入京，所遣乃献臣故吏，到郑庭参，献臣甚喜，欲令左右延饭，乃问之曰："餐来未？"使臣误意"餐"者谓次公也，遽对曰："离长安日，都运待制已治装。"献臣曰："不问孙待制，官人餐来未？"其人惭沮而言曰："不敢仰昧，为三司军将日曾吃却十三。"盖鄙语谓遭杖为"餐"。献臣掩口曰："官人误也，问曾与未曾餐饭，欲奉留一食耳。"

卷二十三

讥　　谑谬误附

401. 石曼卿微行

石曼卿为集贤校理微行倡馆，为不逞者所窘，曼卿醉与之校，为街司所录，曼卿诡怪不羁，谓主者曰："只乞就本厢科决，欲诘旦归馆供职。"厢帅不喻其谑，曰："此必三馆吏人也。"杖而遣之。

402. 文章之病

司马相如叙上林诸水曰"丹水、紫渊，灞、浐、泾、渭，八川分流，相背而异态，灏溔潢漾，东注太湖"，李善注："太湖，所谓震泽。"按，八水皆入大河，如何得东注震泽？又白乐天《长恨歌》云："峨嵋山下少人行，旌旗无光日色薄。"峨嵋在嘉州，与幸蜀路全无交涉。杜甫武侯庙柏诗云："霜皮溜雨四十围，黛色参天二千尺。"四十围乃是径七尺，无乃太细长乎？防风氏身广九亩，长三丈，姬室亩广六尺，九亩乃五丈四尺，如此防风之身乃一饼餤耳。此亦文章之病也。

403. 色　　缴

库藏中物，物数足而名差互者，帐籍中谓之"色缴"音叫。尝有一从官知审官西院，引见一武人，于格合迁官，其人自陈年六十无材力，乞致仕，叙致谦厚，甚有可观，主判攘手曰："某年七十二，尚能拳殴数人，此辕门也，方六十岂得遽自引退？"京师人谓之"色缴"。

404. 热中允不博冷修撰

旧日官为中允者极少，唯老于幕官者累资方至，故为之者多潦倒之人，近岁州县官进用者多除中允，遂有"冷中允"、"热中允"。又集贤殿修撰旧多以馆阁久次者为之，近岁有自常官超授要任，未至从官者多除修撰，亦有"冷撰"、"热撰"，时人谓"热中允不博冷修撰"。

405. 不识字快活

梅询为翰林学士，一日书诏颇多，属思甚苦，(持)〔操〕觚循阶而行，忽见一老卒卧于日中，欠伸甚适，梅忽叹曰："畅哉！"徐问之曰："汝识字乎？"曰："不识字。"梅曰："更快活也。"

406. 知府独具只眼

有一南方禅僧到京师，衣间绯袈裟，主事僧素不识南宗体式，以为妖服，执归有司，尹正见之亦迟疑未能断，良久喝出禅僧，以袈裟送报慈寺泥迦叶披之。人以谓此僧未有见处，却是知府具一只眼。

407. 应敌文章

士人应敌文章多用他人议论，而非心得，时人为之语曰："问即不会，用则不错。"

408. 兴国寺题壁

张唐卿景祐元年进士第一人及第，期集于兴国寺，题壁云："一举首登龙虎榜，十年身到凤凰池。"有人续其下云："君看姚晔并梁固，不得朝官未可知。"后果终于京官。盖姚晔大中祥符元年、梁固二年皆状元而终于京官。

409. 木 马 凌 床

信安、沧、景之间多蚊虻，夏月牛马皆以泥涂之，不尔多为蚊虻所毙。郊行不敢乘马，马为蚊虻所毒则狂逸不可制，行人以独轮小车，马鞍蒙之以乘，谓之"木马"，挽车者皆衣韦袴。冬月作小坐床冰上拽之，谓之"凌床"。余尝按察河朔，见挽者相属，问其所用，曰"此运使凌床"、"此提刑凌床"也，闻者莫不掩口。

410. 王 告 判 牒

庐山简寂观道士王告好学有文，与星子令相善，有邑豪修醮，告当为都工，都工薄有施利，一客道士自言衣紫，当为都工，讼于星子云："职位颠倒，称号不便。"星子令封牒与告，告乃判牒曰："客僧作寺主，俗谚有云；散众夺都工，教门无例。虽紫衣与黄衣稍异，奈本观与别观不同。非为称呼，盖利乎其中有物；妄自尊显，岂所谓大道无名。宜自退藏，无抵刑宪。"告后归〔本〕贯登科，为健吏，至祠部员外郎、江南西路提点刑狱而卒。

411. 题 诗 增 俸

旧制，三班奉职月俸钱七百，驿羊肉半斤。祥符中，有人为诗题所在驿舍间曰："三班奉职实堪悲，卑贱孤寒即可知。七百料钱何日富，半斤羊肉几时肥？"朝廷闻之曰："如此何以责廉隅？"遂增今俸。

412. 县 尉 戏 吟

尝有一名公，初任县尉，有举人投书索米，戏为一诗答之曰："五贯九百五十俸，省钱请作足钱用。妻儿尚未厌糟糠，僮仆岂免遭饥冻？

赎典、赎解不曾休,吃酒、吃肉何曾梦?为报江南痴秀才,更来谒索觅甚瓮。"熙宁中例增选人俸钱,不复有五贯九百俸者,此实养廉隅之本也。

413. 石曼卿初登科

石曼卿初登科,有人讼科场,复考落数人,曼卿是其数。时方期集于兴国寺,符至追所赐敕牒靴服,数人皆啜泣而起,曼卿独解靴袍还使人,露体戴幞头复坐,语笑终席而去。次日,被黜者皆授三班借职。曼卿为一绝句曰:"无才且作三班借,请俸争如录事参。从此罢称乡贡进,且须走马东西南。"

414. 取索卤簿案牍

蔡景繁为河南军巡判官日,缘事至留司御史台阅案牍,得乾德中回南郊仪仗使司牒检云:"准来文取索本京大驾卤簿,勘会本京卤簿仪仗,先于清泰年中末帝将带逃走,不知所在。"

415. 宋 齐 丘

江南宋齐丘,智谋之士也,自以谓江南有精兵三十万,士卒十万,大江当十万,而己当十万。江南初主本徐温养子,及僭号迁徐氏于海陵,中主继统,用齐丘谋,徐氏无男女少长皆杀之。其后,齐丘尝有一小儿病,闭阁谢客,中主置燕召之亦不出,有老乐工且双瞽,作一诗书纸鸢上放入齐丘第中,诗曰:"化家为国实良图,总是先生画计谟。一个小儿抛不得,上皇当日合何如?"海陵州宅之东至今有小儿坟数十,皆当时所杀徐氏之族也。

416. 题 壁 戏 谑

有一故相远派在姑苏,有嬉游,书其壁曰"大丞相再从侄某尝

游"。有士人李璋素好讪谑,题其旁曰"混元皇帝三十七代孙李璋
继至"。

417. 吴 中 士 人

吴中一士人曾为转运司别试解头,以此自负,好附托显位,是
时侍御史李制知常州、丞相庄敏庞公知湖州,士人游毗陵,挈其徒
饮倡家,顾谓一驺卒曰:"汝往白李二,我在此饮,速遣有司持酒肴
来。""李二"谓李御史也。俄顷郡厨以饮食至,甚为丰腆。有一蓐
医适在其家,见其事,后至御史之家因语及之,李君极怪,使人捕得
驺卒,乃兵马都监所假,受士人教戒,就使庖买饮食以给坐客耳。李
乃杖驺卒,使街司押士人出城,郡僚有相善者,出与之别,唁之曰:"仓
卒遽行,当何所诣?"士人应之曰:"且往湖州依庞九耳。"闻者莫不
大笑。

418. 馆 阁 宿 历

馆阁每夜轮校官一人直宿,如有故不宿则虚其夜,谓之"豁宿"。
故事,豁宿不得过四,至第五日即须入宿。遇豁宿,例于宿历名位下
书"腹肚不安,免宿",故馆阁宿历相传谓之"害肚历"。

419. 俗 语 为 文

吴人多谓梅子为"曹公",以其尝望梅止渴也;又谓鹅为"右
军",以其好养鹅也。有一士人遗人醋梅与熻鹅,作书云:"醋浸曹公
一瓮,汤熻右军两只,聊备一馔。"

卷二十四

杂 志 一

420. 延 州 五 城

(延)〔延〕州今有五城，说者以谓旧有东、西二城夹河对立，高万〔兴〕典郡始展南、北、东三关城，余因读杜甫诗云"五城何迢迢，迢迢隔河水"、"延州秦北户，关防犹可倚"，乃知天宝中已有五城矣。

421. 石 油

鄜延境内有石油，旧说高奴县出脂水即此也。生于水际沙石，与泉水相杂，惘惘而出，土人以雉尾裹之，乃采入缶中，颇似淳漆，然之如麻，但烟甚浓，所沾幄幕皆黑。余疑其烟可用，试扫其煤以为墨，黑光如漆，松墨不及也，遂大为之，其识文为"延川石液"者是也。此物后必大行于世，自余始为之，盖石油至多，生于地中无穷，不若松木有时而竭。今齐鲁间松林尽矣，渐至太行、京西、江南松山太半皆童矣，造煤人盖未知石烟之利也。石炭烟亦大，墨人衣，余戏为《延州》诗云："二郎山下雪纷纷，旋卓穹庐学塞人。化尽素衣冬未老，石烟多是洛阳尘。"

422. 盐 南 风

解州盐泽之南秋夏间多大风，谓之"盐南风"。其势发屋拔木，几欲动地，然东(南与)〔与南〕皆不过中条，西不过席张铺，北不过鸣条，纵广止于数十里之间。解盐不得此风不冰，盖大卤之气相感，莫知其然也。又汝南亦多大风，虽不及盐南之厉，然亦甚于他处，不知缘何如此。或云自城北风穴山中出，今所谓风穴者已夷矣，而汝南自若，了知非有穴也。方谚云"汝州风，许州葱"，其来素矣。

423. 黑　　山

昔人文章用北狄事多言黑山，黑山在大漠之北，今谓之"姚家族"，有城在其西南谓之"庆州"，余奉使尝帐宿其下。山长数十里，土石皆紫黑似今之磁石，有水出其下，所谓黑水也。胡人言黑水原下委高，水曾逆流，余临视之，无此理，亦常流耳。山在水之东。大抵北方水多黑色，故有卢龙郡，北人谓水为"龙"，卢龙即黑水也。黑水之西有连山，谓之"夜来山"，极高峻，契丹坟墓皆在山之东南麓。近西有远祖射龙庙，在山之上，有龙舌藏于庙中，其形如剑。山西别是一族，尤为劲悍，唯啖生肉血，不火食，胡人谓"山西族"，北与黑水胡、南与达靼接境。

424. 官 不 可 妄 得

余姻家朝散郎王九龄常言，其祖贻永侍中，有女子嫁诸司使夏偕，因病危甚，服医朱严药遂差，貂蝉喜甚，置酒庆之，女子于坐间求为朱严奏官，貂蝉难之，曰："今岁恩例已许门医刘公才，当候明年。"女子乃哭而起，径归不可留，貂蝉追谢之，遂召公才，谕以女子之意，辍是岁恩命以授朱严。制下之日而严死，公才乃嘱王公曰："朱严未受命而死，法容再奏。"公然之，再为公才请。及制下，公才之尉氏县，使人召之，公才方饮酒，闻得官大喜，遂暴卒。一四门助教而死二医，一官不可妄得，况其大者乎？

425. 赵 普 治 第

赵韩王治第，麻捣钱一千二百余贯，其他可知。盖屋皆以板为笪，上以方砖甃之然后布瓦，至今完壮。涂壁以麻捣土，世俗遂谓涂壁麻为"麻捣"。

426. 跳　　兔

契丹北境有跳兔，形皆兔也，但前足才寸许，后足几一尺，行则用后足跳，一跃数尺，止则蹶然仆地。生于契丹庆州之地大漠中，余使虏日捕得数兔持归，盖《尔雅》所谓蟨兔也，亦曰蛩蛩巨驉也。

427. 蟓

蟭蟟之小而绿色者，北人谓之"蟓"，即《诗》所谓"蟓首蛾眉"者也，取其顶深且方也。又闽人谓大蝇为"胡蟓"，亦蟓之类也。

428. 霜　　信

北方有白雁，似雁而小，色白，秋深则来。白雁至则霜降，河北人谓之"霜信"，杜甫诗云"故国霜前白雁来"，即此也。

429. 淤　田　法

熙宁中初行淤田法，论者以谓《史记》所载"泾水一斛，其泥数斗，且粪且溉，长我禾黍"，所谓"粪"即淤也。余出使至宿州得一石碑，乃唐人凿六陡门发汴水以淤下泽，民获其利，刻石以颂刺史之功，则淤田之法其来盖久矣。

430. 海 陆 变 迁

余奉使河北，遵太行而北，山崖之间往往衔螺蚌壳及石子如鸟卵者，横亘石壁如带。此乃昔之海滨，今东距海已近千里，所谓大陆者皆浊泥所湮耳。尧殛鲧于羽山，旧说在东海中，今乃在平陆。凡大河、漳水、滹沱、涿水、桑干之类悉是浊流，今关陕以西水行地中不减百余尺，其泥岁东流皆为大陆之土，此理必然。

431. 淮河故道

唐李翱为《来南录》云："自淮沿流至于高邮，乃溯至于江。"《孟子》所谓"决汝、汉，排淮、泗而注之江"，则淮、泗固尝入江矣，此乃禹之旧迹也。熙宁中曾遣使按图求之，故道宛然，但江、淮已深，其流无复能至高邮耳。

432. 炼　　丹

余中表兄李善胜曾与数年辈炼朱砂为丹，经岁余，因沐砂再入鼎，误遗下一块，其徒丸服之，遂发懵冒，一夕而毙。朱砂至良药，初生婴子可服，因火力所变遂能杀人。以变化相对言之，既能变而为大毒，岂不能变而为大善？既能变而杀人，则宜有能生人之理，但未得其术耳。以此知神仙羽化之方不可谓之无，然亦不可不戒也。

433. 雁荡山

温州雁荡山天下奇秀，然自古图牒未尝有言者。祥符中因造玉清宫伐山取材，方有人见之，此时尚未有名。按西域书，阿罗汉诺矩罗居震旦东南大海际雁荡山芙蓉峰龙湫，唐僧贯休为《诺矩罗赞》有"雁荡经行云漠漠，龙湫宴坐雨蒙蒙"之句。此山南有芙蓉峰，峰下芙蓉驿，前瞰大海，然未知雁荡、龙湫所在，后因伐木始见此山。山顶有大池，相传以为雁荡；下有二潭水，以为龙湫；又有经行峡、宴坐峰，皆后人以贯休诗名之也。谢灵运为永嘉守，凡永嘉山水游历殆遍，独不言此山，盖当时未有雁荡之名。余观雁荡诸峰皆峭拔崄怪，上耸于天，穹崖巨谷不类他山，皆包在诸谷中，自岭外望之都无所见，至谷中则森然干霄。原其理，当是为谷中大水冲激，沙土尽去，唯巨石岿然挺立耳，如大小龙湫、水帘、初月谷之类，皆是水凿音漕，去声之穴，自下望之则高岩峭壁，从上观之适与地平，以至诸峰之顶亦低于山顶之地面，世间沟壑中水凿之处皆有植土龛岩，亦此类耳。今成皋、陕西大涧中立土动及百尺，迥然耸立，亦雁荡具体而微者，但此土彼石耳。既非陡出地上，则为深谷林莽所蔽，故古人未见、灵运所不至，理不足怪也。

434. 木　　天

内诸司舍屋唯秘阁最宏壮，阁下穹隆高敞，相传谓之"木天"。

435. 乇 罗 海 客

嘉祐中，苏州昆山县海上有一船桅折，风飘抵岸。船中有三十余人，衣冠如唐人，系红鞓角带，短皂布衫，见人皆恸哭，语言不可晓，试令书字，字亦不可读，行则相缀如雁行。久之自出一书示人，乃唐天祐中告授〔屯〕〔乇〕罗岛首领陪戎副尉制；又有一书，乃是上高丽表，亦称乇罗岛，皆用汉字。盖东夷之臣属高丽者。船中有诸谷，唯麻子大如莲的，苏人种之，初岁亦如莲的，次年渐小，数年后只如中国麻子。时赞善大夫韩正彦知昆山县事，召其人犒以酒食，食罢以手捧首而〔骤〕〔鞾〕，意若欢感。正彦使人为其治桅，桅旧植船木上不可动，工人为之造转轴，教其起倒之法，其人又喜，复捧首而鞾。

436. 使 臣 撒 殿

熙宁中珠辇国使人入贡，乞依本国俗撒殿，诏从之。使人以金盘贮珠，跪捧于殿槛之间，以金莲花酌珠向御座撒之，谓之"撒殿"，乃其国至敬之礼也。朝退，有司扫彻得珠十余两，分赐是日侍殿阁门使副内臣。

437. 指　南　针

方家以磁石磨针锋则能指南，然常微偏东，不全南也。水浮多荡摇，指爪及碗唇上皆可为之，(转运)〔运转〕尤速，但坚滑易坠，不若缕悬为最善。其法取新纩中独茧缕，以芥子许蜡缀于针腰，无风处悬之则针常指南。其中有磨而指北者，余家指南、北者皆有之。磁石之指南犹柏之指西，莫可原其理。

438. 钟　馗　之　始

岁首画钟馗于门，不知起自何时。皇祐中金陵发一冢，有石志，乃宋宗悫母郑夫人，宗悫有妹名钟馗，则知钟馗之说亦远矣。

439. 鹿　奴　诗

信州杉溪驿舍中有妇人题壁数百言，自叙世家本士族，父母以嫁三班奉职鹿生之子，鹿忘其名。娠娠方三日，鹿生利月俸逼令上道，遂死于杉溪，将死乃书此壁，具逼迫苦楚之状，恨父母远无地赴诉，言极哀切，颇有词藻，读者无不感伤。既死，藁葬之驿后山下，行人过此多为之愤激，为诗以吊之者百余篇，人集之，谓之《鹿奴诗》，其间甚有佳句。鹿生，夏文庄家奴，人恶其贪忍，故斥为"鹿奴"。

440. 族　望

士人以氏族相高虽从古有之，然未尝著盛，自魏氏铨总人物，以氏族相高，亦未专任门地。唯四夷则全以氏族为贵贱，如天竺以刹利、婆罗门二姓为贵种，自余皆为庶姓，如毗舍、首陀是也，其下又有贫四姓，如工巧、纯陀是也。其他诸国亦如是，国主、大臣各有种姓，苟非贵种国人莫肯归之，庶姓虽有劳能亦自甘居大姓之下，至今如此。自后魏据中原，此俗遂盛行于中国，故有八氏十姓、三十六族九十二姓，凡三世公者曰膏粱，有令、仆者曰华腴，尚书、领、护而上者为甲姓，九卿、方伯者为乙姓，散骑常侍、太中大夫者为丙姓，吏部正员郎为丁姓，得入者谓之"四姓"。其后迁易纷争，莫能坚定，逐取前世仕籍，定以博陵崔、范阳卢、陇西李、荥阳郑为（中）〔甲〕族，唐高宗时又增太原王、清河崔、赵郡李，通为"七姓"。然地势相倾，互相排诋，各自著书，盈编连简殆数十家，至于朝廷为之置官撰定，而流习所徇，扇以成俗，虽国势不能排夺。大率高下五等通有百家，皆谓之"士族"，此外悉为庶姓，婚宦皆不敢与百家齿。陇西李氏乃皇族，亦自列在第三，其重族望如此。一等之内，又如冈头卢、泽底李、土门崔、靖恭杨之类，自为鼎族，其俗至唐末方渐衰息。

441. 茶　芽

茶芽，古人谓之"雀舌"、"麦颖"，言其至嫩也。今茶之美者，其质素良而所植之（土）〔木〕又美，则新芽一发便长寸余，其细如针，唯芽长为上品，以其质干、土力皆有余故也。如雀舌、麦颖者，极下材耳，乃北人不识，误为品题。余山居有《茶论》，《尝茶》诗云："谁把嫩香名雀舌，定知北客未曾尝。不知灵草天然异，一夜风吹一寸长。"

442. 丁香荔枝

闽中荔枝核有小如丁香者，多肉而甘。土人亦能为之，取荔枝木去其宗根，仍火燔令焦，复种之，以大石抵其根，但令旁根得生，其核乃小，种之不复芽，正如六畜去势则多肉而不复有子耳。

443. 旁　不　肯

元丰中庆州界生子方虫，方为秋田之害，忽有一虫生，如土中狗蝎，其喙有钳，千万蔽地，遇子方虫则以钳搏之，悉为两段，旬日子方皆尽,岁以大穰。其虫旧曾有之,土人谓之"旁不肯"。

444. 味　漱

养鹰鹘者,其类相语谓之"味以麦反漱"。三馆书有《味漱》三卷,皆养鹰鹘法度及医疗之术。

445. 芋梗疗蜂螫

处士刘易隐居王屋山,尝于斋中见一大蜂胃于蛛网,蛛搏之,为蜂所螫坠地,俄顷蛛鼓腹欲裂,徐行入草,蛛啮芋梗微破,以疮就啮处磨之良久,腹渐消,轻躁如故。自后人有为蜂螫者,挼芋梗傅之即愈。

446. 南北异嗜

宋明帝好食蜜渍鱁鮧,一食数升。鱁鮧乃今之乌贼肠也,如何以蜜渍食之?大业中,吴郡贡蜜蟹二千头、蜜拥剑四瓮。又何胤嗜糖蟹。大抵南人嗜咸、北人嗜甘,鱼、蟹加糖蜜,盖便于北俗也。如今之北方人喜用麻油煎物,不问何物皆用油煎。庆历中群学士会于玉堂,使人置得生蛤蜊一篑,令饔人烹之,久且不至,客讶之,使人检视,则曰:"煎之已焦黑而尚未烂。"坐客莫不大笑。余尝过亲家设馔,有油煎法鱼,鳞鬣虬然,无下箸处,主人则捧而横啮,终不能咀嚼而罢。

447. 乌　脚　溪

漳州界有一水号"乌脚溪",涉者足皆如墨,数十里间水皆不可饮,饮皆病瘴,行人皆载水自随。梅龙图公仪宦州县时,沿牒至漳州,素多病,预忧瘴疠为害,至乌脚溪使数人肩荷之,以物蒙身,恐为毒水所沾。兢惕过甚,睢盱矍铄,忽坠水中,至于没顶,乃出之,举体黑如昆仑,自谓必死,然自此宿病尽除,顿觉康健,无复昔之羸瘵,又不知何也。

448. 北 岳 恒 山

北岳恒（岺）〔山，今〕谓之大茂山者是也，半属契丹，以大茂山分脊为界。岳祠旧在山下，石晋之后稍迁近里，今其地谓之"神棚"。今祠乃在曲阳，祠北有望岳亭，新晴气清则望见大茂。祠中多唐人故碑，殿前一亭中有李克用题名云："太原河东节度使李克用亲领步骑五十万，问罪幽陵，回师自飞狐路即归雁门。"今飞狐路在大茂之西，自银冶寨北出倒马关度虏界，却（是）〔自〕石门子、冷水铺入瓶形、梅回两寨之间至代州。今此路已不通，唯北寨西出承天阁路可至河东，然路极峭狭。太平兴国中，车驾自太原移幸恒山乃由土门路，至今有行宫在。

449. 展海子为稻田

镇阳池苑之盛冠于诸镇，乃王镕时海子园也。镕尝馆李匡威于此，亭馆尚是旧物，皆甚壮丽。镇人喜大言，矜大其池，谓之"潭园"，盖不知昔尝谓之"海子"矣。中山人常好与镇人相雌雄，中山城北园中亦有大池，遂谓之"海子"，以压镇之潭园。余熙宁中奉使真定，时薛师政为定帅，乃与之同议，展海子直抵西城中山王冢，悉为稻田，引新河水注之，清波弥漫数里，颇类江乡矣。

卷二十五

杂 志 二

450. 枳 首 蛇

宣州宁国县多枳首蛇,其长盈尺,黑鳞白章,两首文彩同,但一首逆鳞耳,人家庭槛间动有数十同穴,略如蚯蚓。

451. 天 蛇

太子中允关杞曾提举广南西路常平仓,行部邕管,一吏人为虫所毒,举身溃烂。有一医言能治,呼使视之,曰:"此为天蛇所螫,疾已深,不可为也。"乃以药傅其创,有肿起处,以钳拔之,有物如蛇,凡取十余条而疾不起。又,余家祖茔在钱塘西溪,尝有一田家忽病癞,通身溃烂,号呼欲绝,西溪寺僧识之,曰:"此天蛇毒耳,非癞也。"取木皮煮汁一斗许令其恣饮,初日疾减半,两三日顿愈。验其木,乃今之秦皮也,然不知天蛇何物。或云草间黄花蜘蛛是也,人遭其螫仍为露水所濡,乃成此疾。露涉者亦当戒也。

452. 舆 棺 随 使 臣

天圣中侍御史知杂事章频使辽,死于虏中,虏中无棺椁,舆至范阳方就殓。自后辽人常造数漆棺,以银饰之,每有使人入境则载以随行,至今为例。

453. 西 夏 事 略

景祐中党项首领赵德明卒,其子元昊嗣立,朝廷遣郎官杨告入蕃吊祭。告至其国中,元昊迁延遥立,屡促之然后至前受诏,及拜起,顾其左右曰:"先(皇)〔王〕大错,有国如此而乃臣属于人!"既而飨告于厅,其东屋后若千百人锻声,告阴知其有异志,还朝秘不敢言,未几元昊果叛。其徒遇乞先创造蕃书,独居一楼上,累年方成,至是献之,元昊乃改元,制衣冠礼乐,下令国中悉用蕃书、胡礼,自称"大夏"。朝廷兴师问罪,弥岁,虏之战士益少,而旧臣宿将如刚浪唛、遇〔乞〕、野利辈多以事诛,元昊力孤,复奉表称蕃,朝廷因赦之,许其自新,元昊乃更称兀卒曩宵。

庆历中契丹举兵讨元昊,元昊与之战屡胜,而契丹至者日益加众,元昊望之大骇,曰:"何如此之众也!"乃使人行成,退数十里以避之,契丹不许,引兵压西师阵,元昊又为之退舍,如是者三,凡退百余里,每退必尽焚其草莱,契丹之马无所食,因其退乃许平,元昊迁延数日以老北师,契丹马益病,亟发军攻之,大败契丹于金肃城,获其伪乘舆、器服,子婿、近臣数十人而还。

先是,元昊后房生一子,曰宁令受。"宁令"者,华言大王也。其后又纳没臧讹唛之妹,生谅祚而爱之,宁令受之母恚忌,欲除没臧氏,授戈于宁令受使图之,宁令受间入元昊之室,卒与元昊遇,遂刺之,不殊而走,诸大佐没臧讹唛辈仆宁令枭之,明日元昊死,立谅祚而舅讹唛相之。有梁氏者,其先中国人,为讹唛子妇,谅祚私焉,日视事于国,夜则从诸没臧氏,讹唛怼甚,谋伏甲梁氏之宫,须其入以杀之,梁氏私以告谅祚,乃使召讹唛执于内室。没臧,强宗也,子弟族人在外者八十余人,悉诛之,夷其宗。以梁氏为妻,又命其弟乞埋为家相,许其世袭。谅祚凶忍,好为乱,治平中遂举兵犯庆州大顺城。谅祚乘骆马,张黄屋,自出督战,陴者彉弩射之中,乃解围去。创甚,驰入一佛祠,有牧牛儿不得出,惧伏佛座下,见其脱靴,血流于踝,使人裹创舁载而去,至其国死。子秉常立,而梁氏自主国事。梁乞埋死,其子移逋继之,谓之没宁令。"没宁令"者,华言天大王也。

秉常之世，执国政者有嵬名浪遇，元昊之弟也，最老于军事，以不附诸梁迁下治而死，存者三人，移逋以世袭居长契，次曰都罗马尾，又次曰〔关〕〔冈〕萌讹，略知书，私侍梁氏。移逋、萌讹皆以昵幸进，唯马尾粗有战功，然皆庸才。秉常荒孱，梁氏自主兵，不以属其子，秉常不得志，素慕中国。有李青者，本秦人，亡房中，秉常昵之，因说秉常以河南归朝廷，其谋泄，青为梁氏所诛而秉常废。

454. 建　茶

古人论茶，唯言阳羡、顾渚、天柱、蒙顶之类，都未言建溪。然唐人重串茶粘黑者，则已近乎建饼矣。建茶皆乔木，吴、蜀、淮南唯丛茭而已，品自居下。建茶胜处曰郝源、曾坑，其间又岔根、山顶二品尤胜，李氏时号为"北苑"，置使领之。

455. 胆矾炼铜

信州铅山县有苦泉，流以为涧，挹其水熬之则成胆矾，烹胆矾则成铜，熬胆矾铁釜久之亦化为铜。水能为铜，物之变化固不可测。按《黄帝素问》有天五行、地五行，土之气在天为湿，土能生金石，湿亦能生金石，此其验也。又，石穴中水所滴皆为钟乳、殷孽，春、秋分时汲井泉则结石花，大卤之下则生阴精石，皆湿之所化也。如木之气在天为风，木能生火，风亦能生火，盖五行之性也。

456. 古节如虎符

古之节如今之虎符，其用则有圭璋、龙虎之别，皆棱，"〔将〕〔辅〕之英荡"是也，汉人所持节乃古之旄也。余在汉东得一玉琥，美玉而微红，醋醋如醉肌，温润明洁，或云即玫瑰也。古人有以为币者，春官"以白琥礼西方"是也；有以为货者，《左传》加以玉琥二是也；有以为瑞节者，"山国用虎节"是也。

457. 验 量 地 势

国朝汴渠,发京畿辅郡三十余县夫岁一浚。祥符中,阁门祗候使臣谢德权领治京畿沟洫,权借浚汴夫,自而后三岁一浚,始令京畿民官皆兼沟洫河道,以为常职。久之,治沟洫之工渐弛,邑官徒带空名而汴渠至有二十年不浚,岁岁堙淀。异时京师沟渠之水皆入汴,旧尚书省都堂壁记云"疏治八渠,南入汴水"是也。自汴流堙淀,京城东水门下至雍丘、襄邑,河底皆高出堤外平地一丈二尺余,自汴堤下瞰,民居如在深谷。熙宁中,议改疏洛水入汴。余尝因出使按行汴渠,自京师上善门量至泗州淮岸凡八百四十里一百三十步。地势,京师之地比泗州凡高十九丈四尺八寸六分,于京城东数里白渠中穿井至三丈,方见旧底。验量地势,用水平、望尺、幹尺量之亦不能无小差。汴渠堤外皆是出土故沟,〔余因决沟〕水令相通,时为一堰节其水,候水平其上,渐浅涸则又为一堰,相齿如阶陛,乃量堰之上下水面相高下之数,会之乃得地势高下之实。

458. 传　　拜

唐风俗,人在远或闺门间则使人传拜以为敬,本朝两浙仍有此俗。客至,欲致敬于闺闼,则立使人而拜之,使人入见所礼乃再拜致命,若有中外则答拜,使人出复拜客,客与之为礼如宾主。

459. 王君贶使辽

庆历中王君贶使契丹,宴君贶于混同江,观钩鱼。临归,戎主置酒,谓君贶曰:"南北修好岁久,恨不得亲见南朝皇帝兄,托卿为传一杯酒到南朝。"乃自起酌酒,容甚恭,亲授君贶举杯,又自鼓琵琶,上南朝皇帝千万岁寿。先是,戎主之弟宗元为燕王,有全燕之众,久畜异谋,戎主恐其阴附朝廷,故特效恭顺。宗元后卒以称乱诛。

460. 潘 阆 狂 放

潘阆字逍遥，咸平间有诗名，与钱易、许洞为友，狂放不羁。尝为诗曰"散拽禅师来蹴踘，乱(抛)〔拖〕游女上秋千"，此其自序之实也。后坐卢多逊党亡命，捕迹甚急，阆乃变姓名，僧服入中条山，许洞密赠之诗曰："潘逍遥，平生才气如天高。仰天大笑无所惧，天公嗔尔口哎哎，罚教临老投补衲，归中条。我愿中条山神镇长在，驱雷叱电依前赶出这老怪。"后会赦，以四门助教召之，阆乃自归，送信州安置。仍不惩艾，复为《扫市舞》词曰："出砒霜，价钱可。赢得拔灰兼弄火，畅杀我。"以此为士人不齿，放弃终身。

461. 预 防 风 患

江湖间唯畏大风，冬月风作有渐，船行可以为备，唯盛夏风起于顾盼间，往往罹难。曾闻江国贾人有一术可免此患，大凡夏月风景须作于午后，欲行船者五鼓初起，视星月明洁、四际至地皆无云气便可行，至于巳时则止，如此无复与暴风遇矣，国子博士李元规云："平生游江湖未尝遇风，用此术。"

462. 蓟

余使虏至古契丹界，大蓟茇如车盖，中国无此大者，其地名蓟恐其因此也，如杨州宜杨、荆州宜荆之类。荆或为楚，楚亦荆木之别名也。

463. 契 丹 语 入 诗

刁约使契丹，戏为四句诗曰"押燕移离毕，看房贺跋支。饯行三匹裂,密赐十貔狸",皆纪实也。移离毕,官名,如中国执政官。贺跋支,如执衣、防阁。匹裂,〔似〕小木罂,以色绫木为之,(如)〔加〕黄漆。貔狸,形如鼠而大,穴居,食果谷,嗜肉,狄人为珍膳,味如肫子而脆。

464. 邓 思 贤

世传江西人好讼,有一书名《邓思贤》,皆讼牒法也。其始则教以侮文,侮义不可得则欺诬以取之,欺诬不可得则求其罪以劫之。盖思贤,人名也,始传其术,遂以之名书,村校中往往以授生徒。

465. 蔡 君 谟 书 帖

蔡君谟尝书小吴笺云:"李及知杭州,市白集一部,乃为终身之恨,此君殊清节,可为世戒。张乖崖镇蜀,当遨游时,士女环左右,终三年未尝回顾,此君殊重厚,可以为薄夫之检押。"此帖今在张乖崖之孙尧夫家。余以谓买书而为终身之恨,近于过激,苟其性如此,亦可尚也。

466. 天 子 请 客

陈文忠为枢密,一日日欲没时,忽有中人宣召。既入右掖,已昏黑,遂引入禁中,屈曲行甚久,时见有帘帏,灯烛炜煌,皆莫知何处。已而到一小殿,殿前有两花槛,已有数人先至,皆立廷中,殿上垂帘,蜡烛十余炬而已。相继而至者凡七人,中使乃奏班齐,唯记文忠、丁谓、杜镐三人,其四人忘之,杜镐时尚为馆职。良久,乘舆自宫中出,灯烛亦不过数十而已,宴具甚盛,卷帘令不拜,升殿就坐,御座设于席东,设文忠之坐于席西,如常人宾主之位。尧叟等皆惶恐不敢就位,上宣谕不已,尧叟恳陈自古未有君臣齐列之礼,至于再三,上作色曰:"本为天下太平,朝廷无事,思与卿等共乐之。若如此,何如就外朝开宴。今日只是宫中供办，未尝命有司，亦不召中书辅臣。以卿等机密及文馆职任，侍臣无嫌，且欲促坐语笑，不须多辞。"尧叟等皆趋下称谢，上急止之曰："此等礼数且皆置之。"尧叟悚栗危坐，上语笑极欢，酒五六行，膳具中各出两绛囊置群臣之前，皆大珠也，上曰："时和岁丰，中外康富，恨不得与卿等日夕相会。太平难遇，此物助卿等燕集之费。"群臣欲起谢，上云："且坐，更有。"如是酒三行，皆有所赐，悉良金重宝，酒罢已四鼓。时人谓之"天子请客"，文惠之子述古得于文忠，颇能道其详，此略记其一二耳。

467.关中无螃蟹

关中无螃蟹，元丰中余在陕西，闻秦州人家收得一干蟹，土人怖其形状，以为怪物，每人家有病疟者则借去挂门户上，往往遂差。不但人不识，鬼亦不识也。

468.陈秀公治第

丞相陈秀公治第于润州，极为闳壮，池馆绵亘数百步。宅成，公已疾甚，唯肩舆一登西楼而已。人谓之三不得：居不得，修不得，卖不得。

469.廖恩脚色

福建剧贼廖恩聚徒千余人，剽掠市邑，杀害将吏，江浙为之骚然，后经赦宥，乃率其徒首降，朝廷补恩右班殿直。赴三班院候差遣时，坐恩黜免者数十人，一时在铨班叙录其脚色，皆理私罪或公罪，独恩脚色称"出身以来并无公私过犯"。

470.死生有命

曹翰围江州三年，城将陷，太祖嘉其尽节于所事，遣使喻翰："城下日,拒命之人尽赦之。"使人至独木(桥)〔渡〕,大风数日不可济,及风定而济,则翰已屠江州无遗类适一日矣。唐史部尚书张嘉福奉使河北,逆韦之乱,有敕处斩,寻遣使人赦之,使人马上昏睡,迟行一驿,比至已斩讫。与此相类,得非有命欤。

471. 奏事过为文饰

庆历中河北大水,仁宗忧形于色,有走马承受公事使臣到阙,实时召对,问:"河北水灾何如?"使臣对曰:"怀山襄陵。"又问:"百姓如何?"对曰:"如丧考妣。"上默然,既退,即诏阁门:"今后武臣上殿奏事并须直说,不得过为文饰。"至今阁门有此条,遇有合奏事人即预先告示。

472. 木　　图

予奉使按边,始为木图写其山川道路。其初遍履山川,旋以面糊、木屑写其形势于木案上,未几寒冻,木屑不可为,又镕蜡为之,皆欲其轻,易赍故也。至官所则以木刻上之,上召辅臣同观,乃诏边州皆为木图,藏于内府。

473. 李 顺 案 款

蜀中剧贼李顺陷剑南、两川,关右震动,朝廷以为忧,后王师破贼,枭李顺,收复两川,书功行赏,了无间言。至景祐中,有人告李顺尚在广州,巡检使臣陈文琏捕得之,乃真李顺也,年已七十余,推验明白,囚赴阙复按皆实。朝廷以平蜀将士功赏已行,不欲暴其事,但斩顺,赏文琏二官,仍除阁门祗候。文琏,泉州人,康定中老归泉州,余尚识之。文琏家有李顺案款,本末甚详。顺本味江王小博之妻弟,始王小博反于蜀中,不能抚其徒众,乃共推顺为主。顺初起,悉召乡里富人大姓,令具其家所有财粟,据其生齿足用之外一切调发,大赈贫乏,录用材能,存抚良善,号令严明,所至一无所犯。时两蜀大饥,旬日之间归之者数万人,所向州县开门延纳,传檄所至无复完垒。及败,人尚怀之,故顺得脱去三十余年乃始就戮。

474. 交 趾 叛 服

交趾乃汉、唐交州故地,五代杂乱,吴(文昌)〔昌文〕始据安南,稍侵交、广之地。其后(文昌)〔昌文〕为丁琏所杀,复有其地。国朝开宝六年琏初归附,授静海军节度使,八年封交趾郡王。景德元年土人黎桓杀琏自立,三年桓死,安南大乱,久无酋长,其后国人共立闽人李公蕴为主。天圣七年公蕴死,子德政立。(皇)〔嘉〕祐六年德政死,子日尊立。自公蕴据安南,始为边患,屡将兵入寇,至日尊乃僭称“法天应运崇仁至道庆成龙祥英武睿文尊德圣神皇帝”,尊公蕴为太祖神武皇帝,国号大越。熙宁元年伪改元宝象,次年又改神武。日尊死,子乾德立,以宦人李尚吉与其母黎氏号燕鸾太妃同主国事。熙宁八年举兵陷邕、钦、廉三州,九年遣宣徽使郭仲通、天章阁待制赵公才讨之,拔广源州,擒酋领刘纪,焚甲峒,破(机)〔桄〕郎,决里至富良江。尚吉遣王子洪真率众来拒,大败之,斩洪真,众歼于江上,乾德乃降。是时乾德方十岁,事皆制于尚吉。

广源州者,本邕州羁縻。天圣七年首领侬存福归附,补存福邕州卫职,转运使章频罢遣之,不受其地,存福乃与其子智高东掠龙州,有之七源,存福因其乱杀其兄,率土人刘川以七源州归存福。庆历八年智高自领广源州,渐吞灭右江、田州一路蛮峒。皇祐元年邕州人殿中丞昌协奏乞招收智高,不报,广源州孤立无所归,交趾觇其隙,袭取存福以归。智高据州不肯下,反欲图交趾,不克,为交人所攻,智高出奔右江文村,具金函表投邕州乞归朝廷,邕州陈拱拒不纳。明年,智高与其匹卢豹、黎貌、黄仲卿、廖通等拔横山寨入寇,陷邕州,入二广。及智高败走,卢豹等收其余众归刘纪,下广河,至熙宁二年豹等归顺,未几复叛从纪。至大军南征,郭帅遣别将燕达下广源,乃始得纪,以广源为顺州。

甲峒者，交趾大聚落。主者甲承贵，娶李公蕴之女，改姓甲氏。承贵之子绍泰又娶德政之女，其子景隆娶日尊之女，世为婚姻，最为边患。自天圣五年承贵破太平寨，杀寨主李绪，嘉祐五年绍泰又杀永平寨主李德用，屡侵边境。至熙宁大举乃讨平之，改收隶机郎县。

475. 太 祖 治 军

太祖朝常戒禁兵，(之衣)〔衣之〕长不得过膝，买鱼肉及酒入营门者皆有罪。又制更戍之法，欲其习山川劳苦，远妻孥怀土之恋。兼外戍之日多，在营之日少，人人少子而衣食易足。又京师卫兵请粮者，营在城东者即令赴城西仓，在城西者令赴城东仓，仍不许佣僦车脚，皆须自负，尝亲登右掖门观之。盖使之习力，制其骄惰，故士卒衣食无外慕，安辛苦而易使。

476. 唃 厮 啰

青堂羌本吐蕃别族，唐末蕃将尚恐热作乱，率众归中国，境内离散。国初有胡僧立遵者，乘乱挟其主籛逋之子唃厮啰，东据宗哥邈川城。唃厮啰，人号瑕萨，籛逋者胡言赞普也。唃厮，华言佛也；啰，华言男也。自称佛男，犹中国之称天子也。立遵姓李氏，唃厮啰立，立遵与邈川首领温殂、温逋相之，有汉陇西、南安、金城三郡之地，东西二千余里。宗哥邈川，即所谓三河间也。祥符九年立遵与唃厮啰引众十万寇边，入古渭州，知秦州曹玮攻败之，立遵归乃死。

唃厮啰妻李氏，立遵之女也，生二子，曰瞎毡、磨毡角。立遵死，唃厮啰更取乔氏，生子董毡，取契丹之女为妇，李氏失宠，去为尼，二子亦去其父，瞎毡居河州、磨毡角居邈川，唃厮啰往来居青堂城。赵元昊叛命，以兵遮唃厮啰，遂与中国绝。屯田员外郎刘涣献议通唃厮啰，乃使涣出古渭州，循末邦山至河州国门寺，绝河，逾廓州至青堂，见唃厮啰，授以爵命，自此复通。磨毡角死，唃厮啰复取邈川城，收磨毡角妻子质于结罗城。唃厮啰死，子董毡立，朝廷复授以爵命。

瞎毡有子木征,木征者华言头龙也,以其唃厮啰嫡孙,昆弟行最长,故谓之龙头,羌人语倒,谓之头龙。瞎毡死,青堂首领瞎药、鸡罗及胡僧鹿尊共立之,移居滔山。董毡之甥瞎征伏,羌蕃部李钹星之子也,与木征不协,其舅李笃毡挟瞎征居结古野反河,瞎征数与笃毡及沈千族首领常尹丹波合兵攻木征,木征去居安乡城。有巴欺温者,唃氏族子,先居结罗城,其后稍强,董毡河南之城遂三分,巴欺温、木征居洮河(涧)〔间〕,瞎征居结河,董毡独有河北之地。熙宁五年秋,王子醇引兵始出路骨山,拔香子城,平河州,又出马蔺州,擒木征母弟结吴叱,破洮州,木征之弟(己)〔巴〕毡角降,尽得河南熙、河、洮、岷、叠、宕六州之地,自临江寨至安乡城,东西一千余里,降蕃户三十余万帐。明年瞎木征降,置熙河路。

477. 用 度 外 人

范文正常言:史称诸葛亮能用度外人。用人者莫不欲尽天下之才,常患近己之好恶而不自知也,能用度外人,然后能周大事。

478. 骂 退 夏 兵

元丰中,夏戎之母梁氏遣将引兵卒至保安军顺宁寨,围之数重。时寨兵至少,人心危惧,有倡姥李氏得梁氏阴事甚详,乃掀衣登陴抗声骂之,尽发其私,虏人皆掩耳,并力射之莫能中,李氏言愈丑。虏人度李终不可得,恐且得罪,遂托以他事中夜解去。鸡鸣狗盗皆有所用,信有之。

479. 校 书 如 扫 尘

宋宣献博学,喜藏异书,皆手自校雠,常谓:"校书如扫尘,一面扫,一面生,故有一书每三四校犹有脱谬。"

卷二十六

药　议

480.脏腑谬说

古方言云母粗服则著人肝肺不可去，如枇杷、狗脊毛不可食，皆云射入肝肺。世俗似此之论甚多，皆谬说也。又言人有水喉、气喉者，亦谬说也。世传《欧希范真五脏图》亦画三喉，盖当时验之不审耳。水与食同咽，岂能就口中遂分入二喉？人但有咽、有喉二者而已，咽则纳饮食，喉则通气，咽则下入胃脘，次入胃中，又次入广肠，又次入大、小肠；喉则下通五脏，为出入息。五脏之含气呼吸，正如(治)〔冶〕家之鼓鞴，人之饮食药饵但自咽入肠胃，何尝能至五脏？凡人之肌骨、五脏、肠胃虽各别，其(食)〔入〕肠之物，英精之气味皆能洞达，但滓秽即入二肠。凡人饮食及服药既入肠，为真气所蒸，英精之气味，以至金石之精者如细研硫黄、朱砂、乳石之类，凡能飞走融结者，皆随真气洞达肌骨，犹如天地之气贯穿金石土木，曾无留碍，自余顽石草木则但气味洞达耳，及其势尽，则滓秽传入大肠、润湿渗入小肠，此皆败物，不复能变化，惟当退泄耳。凡所谓某物入肝、某物入肾之类，但气味到彼耳，凡质岂能至彼哉？此医不可不知也。

481.鸡　舌　香

余集《灵苑方》，论鸡舌香以为丁香母，盖出陈氏《拾遗》，今细考之尚未然。按《齐民要术》云鸡舌香"世以其似丁子，故一名丁子香"，即今丁香是也。《日华子》云鸡舌香"治口气"，所以三省故事，郎官日含鸡舌香，欲其奏事对答其气芬芳，此正谓丁香治口气，至今方书为然。又古方五香连翘汤用鸡舌香，《千金》五香连翘汤无鸡舌香，却有丁香，此最为明验。《新补本草》又出丁香一条，盖不曾深考也。今世所用鸡舌香，乳香中得之，大如山茱萸，剖开中如柿核，略无气味，以治疾殊极乖谬。

482. 君臣佐使

旧说（用药有）〔有药用〕一君、二臣、三佐、五使之说，其意以为药虽众，主病者专在一物，其他则节级相为用，大略相统制。如此为宜，不必尽然也。所谓君者，主此一方者，固无定物也。《药性论》乃以众药之和厚者定以为君，其次为臣、为佐，有毒者多为使，此谬说也。设若欲攻坚积，如巴豆辈岂得不为君哉？

483. 金罂子

金罂子止遗泄，取其温且涩也。世之用金罂者，待其红熟时取汁熬膏用之，大误也。红则味甘，熬膏则全断涩味，都失本性。今当取半黄时采，干捣末用之。

484. 汤散丸各有所宜

汤、散、丸各有所宜。古方用汤最多，用丸、散者殊少，煮散古方无用者，唯近世人为之。大体欲达五脏四肢者莫如汤，欲留膈胃中者莫如散，久而后散者莫如丸；又无毒者宜汤，小毒者宜散，大毒者须用丸；又欲速者用汤，稍缓者用散，甚缓者用丸，此其大概也。近世用汤者全少，应汤者皆用煮散。大率汤剂气势完壮，力与丸、散倍蓰，煮散者一啜不过三五钱极矣，比功较力，岂敌汤势？然汤既力大，则不宜有失消息，用之全在良工，难可以定论拘也。

485. 采药不可限时月

古法采草药多用二月、八月，此殊未当，但二月草已芽、八月苗未枯，采掇者易辨识耳，在药则未为良时。大率用根者，若有宿根，须取无茎叶时采，则津泽皆归其根，欲验之，但取芦菔、地黄辈观，无苗时采则实而沈，有苗时采则虚而浮；其无宿根者，即候苗成而未有花时采，则根生已足而又未衰，如今之紫草，未花时采则根色鲜泽，花过而采则根色黯恶，此其效也。用叶者取叶初长足时，用芽者自从本说，用花者取花初敷时，用实者成实时采，皆不可限以时月，缘土气有早晚、天时有愆伏。如平地三月花者，深山中则四月花，白乐天《游大林寺》诗云"人间四月芳菲尽，山寺桃花始盛开"，盖常理也，此地势高下不同也；如笙竹笋有二月生者，有三四月生者，有五月方生者谓之"晚笙"，稻有七月熟者，有八九月熟者，有十月熟者谓之"晚稻"，一物同一畦之间自有早晚，此物性之不同也；岭峤微草凌冬不凋，并、汾乔木望秋先陨，诸越则桃李冬实，朔漠则桃李夏荣，此地气之不同；一亩之稼则粪溉者先芽，一丘之禾则后种者晚实，此人力之不同也，岂可一切拘以定月哉？

486. 橘柚皮不同

《本草》注："橘皮味苦，柚皮味甘。"此误也。柚皮极苦，不可向口，皮甘者乃柑耳。

487. 麋鹿茸之别

按《月令》"冬至麋角解，夏至鹿角解"，阴阳相反如此，今人用麋、鹿茸作一种，殆疏也。又有刺麋、鹿血以代茸，云茸亦血耳，此大误也。窃详古人之意，凡含血之物，肉差易长，其次筋难长，最后骨难长,故人自胚胎至成人,二十年骨髓方坚。唯麋角自生至坚无两月之久,大者乃重二十余斤,其坚如石,计一昼夜须生数两,凡骨之顿成,〔生〕长神速无甚于此,虽草木至易生者亦无能及之。此骨血之至强者,所以能补骨血、坚阳道、强精髓也。头者诸阳之会,众阳之聚上钟于角,岂可与凡血为比哉?麋茸利补阳,鹿茸利补阴。凡用茸,无乐太嫩。世谓之"茄子茸",但珍其难得耳,其实少力,坚者又太老,唯长数寸,破之肌如朽木,茸端如玛瑙、红玉者最善。又,北方戎狄中有麋、麇、麈,驼鹿极大而色苍,(麈)〔尻〕黄而无斑,亦鹿之类,角大而有文,莹莹如玉,其茸亦可用。

488. 枸　　杞

枸杞,陕西极边生者高丈余,大可作柱,叶长数寸,无刺,根皮如厚朴,甘美异于他处者,《千金翼》云"甘州者为真,叶厚大"者是。大体出河西诸郡,其次江池间圩埂上者,实圆如樱桃,全少核,暴干如饼,极膏润有味。

489. 淡　　竹

淡竹对苦竹为文,除苦竹外悉谓之淡竹,不应别有一品谓之淡竹。后人不晓,于《本草》内别疏淡竹为一物。今南人食笋,有苦笋、淡笋两色,淡笋即淡竹也。

490. 细　　辛

东方、南方所用细辛皆杜衡也,又谓之"马蹄香"也,黄白,拳局而脆,干则作团,非细辛也。细辛出华山,极细而直,深紫色,味极辛,嚼之习习如生椒,其辛更甚于椒。故《本草》云细辛"水渍令直",是以杜衡伪为之也。襄汉间又有一种细辛,极细而直,色黄白,乃是鬼督邮,亦非细辛也。

491.蘦非甘草

《本草》注引《尔雅》云"蘦,大苦",注:"甘草也。蔓延生,叶似荷,茎青赤。"此乃黄药也,其味极苦,谓之"大苦",非甘草也。甘草枝叶悉如槐,高五六尺,但叶端微尖而糙涩,似有白毛,实作角生如相思角,作一本生,熟则角坼,子如小扁豆,极坚,齿啮不破。

492.胡　麻

胡麻直是今油麻,更无他说,余已于《灵苑方》论之。其角有六棱者、有八棱者,中国之麻今谓之"大麻"是也,有实为苴麻,无实为枲麻,又曰牡麻。张骞始自大宛得油麻之种,亦谓之麻,故以"胡麻"别之,谓汉麻为"大麻"也。

493.赤　箭

赤箭即今之天麻也,后人既误出天麻一条,遂指赤箭别为一物,既无此物,不得已又取天麻苗为之,(滋)〔兹〕为不然,《本草》明称"采根阴干",安得以苗为之?草药上品除五芝之外,赤箭为第一,此神仙补理养生上药,世人惑于天麻之说,遂止用之治风,良可惜哉。以谓其茎如箭,既言赤箭,疑当用茎,此尤不然,至如鸢尾、牛膝之类,皆谓茎叶有所似,用则用根耳,何足疑哉。

494.地　菘

地菘即天名精也。世人既不识天名精,又妄认地菘为火蔹,《本草》又出鹤虱一条,都成纷乱。今按,地菘即天名精,盖其叶似菘又似蔓菁,蔓菁即蔓精也。故有二名,鹤虱即其实也。世间有单服火蔹法,乃是服地菘耳,不当用火蔹。火蔹,《本草》名稀莶,即是猪膏

（苗）〔莓〕，后人不识，亦重复出之。

495. 南烛草木

南烛草木，记传、《本草》所说多端，今少有识者，为其作青精饭色黑，乃误用乌桕为之，全非也。此木类也，又似草类，故谓之"南〔烛〕草木"，今人谓之"南天烛"者是也。南人多植于庭槛之间，茎如荔藿，有节，高三四尺，庐山有盈丈者，叶微似楝而小，至秋则实赤如丹，南方至多。

496. 太阴玄精

太阴玄精生解州盐泽大卤中，沟渠土内得之。大者如杏叶，小者如鱼鳞，悉皆尖角，端正如刻，正如龟甲。其裙襕小堕，其前则下剡，其后则上剡，正如穿山甲，相掩之处全是龟甲，更无异也。色绿而莹彻，叩之则直理而折，莹明如鉴，折处亦六角如柳叶。火烧过则悉解折，薄如柳叶，片片相离，白如霜雪，平洁可爱。此乃禀积阴之气凝结，故皆六角。今天下所用玄精乃绛州山中所出绛石耳，非玄精也。楚州盐城古盐仓下土中又有一物，六棱如马牙硝，清莹如水晶，润泽可爱，彼方亦名太阴玄精，然喜暴润如盐鹹之类，唯解州所出者为正。

497. 稷乃今之穄

稷乃今之穄也，齐、晋之人谓即、积皆曰祭，乃其土音，无他义也。《本草》注云又名穈子，穈子乃黍属，《大雅》："维秬维秠，维穈维芑。"秬、秠、穈、芑皆黍属，以色为别，丹黍谓之穈音门，今河西人用穈字而音穈。

498. 苦 耽

苦（耽）〔耽〕即《本草》酸浆也，新集《本草》又重出苦（耽）〔耽〕

一条，河西番界中酸浆有盈丈者。

499.苏 合 香

今之苏合香如坚木，赤色。又有苏合油，如糨胶，今多用此为苏合香。按刘梦得《传信方》用苏合香，云："皮薄，子如金色。按之即小，放之即起，良久不定如虫动。〔气〕烈者佳也。"如此则全非今所用者，更当精考之。

500.熏陆即乳香

熏陆即乳香也，本名熏陆，以其滴下如乳头者谓之"乳头香"，镕塌在地上者谓之"塌香"，如腊茶之有滴乳、白乳之品，岂可各是一物？

501.山 豆 根

山豆根味极苦，《本草》言味甘者，大误也。

502.青 蒿

蒿之类至多，如青蒿一类自有两种，有黄色者，有青色者，《本草》谓之"青蒿"，亦恐有别也。陕西绥、银之间有青蒿，在蒿丛之间时有一两株迥然青色，土人谓之"香蒿"，茎叶与常蒿悉同，但常蒿色绿而此蒿色青翠一如松桧之色，至深秋余蒿并黄，此蒿独青，气稍芬芳，恐古人所用以此为胜。

503.海 蛤

按文蛤即吴人所食花蛤也，魁蛤即车螯也。海蛤今不识其生时，海岸泥沙中得之，大者如棋子，细者如油麻粒，黄、白或赤相杂，盖非一类，乃诸蛤之房为海水砻砺光莹，都非旧质。蛤之属其类至多，房之坚久莹洁者皆可用，不适指一物，故通谓之"海蛤"耳。

504. 漏　芦

今方家所用漏芦乃飞廉也，飞廉一名漏芦，苗似苦芙，根如牛蒡，绵头者是也，采时用根。今闽中所用漏芦，茎如油麻，高六七寸，秋深枯黑如漆，采时用苗，《本草》自有条，正谓之"漏芦"。

505. 赭　魁

《本草》所论赭魁皆非详审。今赭魁南中极多，肤黑肌赤似何首乌，切破，其中赤白理如槟榔，有汁赤如赭，南人以染皮制鞾。闽、岭人谓之"余粮"，《本草》"禹余粮"注中所引乃此物也。

506. 石　龙　芮

石龙芮今有两种，水生者叶光而末圆，陆生者叶毛而末锐，入药用水生者。陆生亦谓之"天灸"，取少叶揉系臂上，一夜作大泡如火烧者是也。

507. 炮制麻子

麻子，海东来者最胜，大如莲实，出(屯)〔毛〕罗岛，其次上郡、北地所出，大如大豆，亦善，其余皆下材。用时去壳，其法取麻子帛包之，沸汤中浸，候汤冷乃取悬井中一夜，勿令着水，明日日中暴干，就新瓦上轻挼，其壳悉解，簸扬取肉，粒粒皆完。

补笔谈卷一

故 事

508.常 参 放 班

故事,不御前殿则宰相一员押常参官再拜而出。神宗初即位,宰相奏事多至日晏。韩忠献当国,遇奏事退晚即依旧例一面放班,未有著令。王乐道为御史中丞,弹奏语过当,坐谪陈州。自此令宰臣奏事至辰时未退,即一面放班,遂为定制。

509.致仕不以荫迁官

故事,升朝官有父致仕,遇大礼则推恩迁一官,不增俸。熙宁中张丞相杲卿以太子太师致仕,用子荫当迁仆射,廷议以为执政官非可以子荫迁授,罢之。前两府致仕不以荫迁官,自此始。

510.赐 金 紫

故事,初授从官、给谏未衣紫者,告谢日面赐金紫。何圣从在陕西就任除待制,仍旧衣绯,后因朝阙值大宴,殿上独圣从衣绯,仁宗问所以,中筵起,乃赐金紫,遂服以就坐。近岁许冲元除知制诰犹着绿,告谢日面赐银绯,后数日别因对方赐金紫。

511.过 正 衙

自国初以来未尝御正衙视朝,百官辞、见必先过正衙,正衙既不御,但望殿两拜而出,别日却赴内朝。熙宁中草视朝仪,独不立见辞谢班,正御殿日却谓之"无正衙",须候次日依前望殿虚拜谓之"过正衙",盖阙文也。

512. 王禹玉召对

熙宁三年,召对翰林学士承旨王禹玉于内东门小殿。夜深,赐银台烛双引归院。

513. 虚室待尊官

夏郑公为忠武军节度使,自河(东中)〔中府〕徙知蔡州,道经许昌,时李献臣为守,乃徙居他室空使宅以待之,时以为知体。庆历中张邓公还乡,过南阳,范文正公亦虚室以待之,盖以其国爵也,遂守为故事。

514. 亲 王 佩 鱼

国朝仪制,亲王玉带不佩鱼。元丰中,上特制玉鱼袋,赐扬王、荆王施于玉带之上。

515. 除 检 讨 不 试

旧制,馆职自校勘以上,非特除者皆先试,唯检讨不试。初置检讨官只作差遣,未比馆职故也。后来检讨给职钱并同带职,在校勘之上,亦承例不试。

516. 馆 职 腰 金

旧制,侍从官学士以上方腰金。元丰初,授陈子雍以馆职使高丽, 还除集贤殿修撰, 赐金带。馆职腰金出特恩, 非故事也。

517. 门　状

今之门状称"牒件状如前, 谨牒", 此唐人都堂见宰相之礼。唐人都堂见宰相, 或参辞谢□事, 皆先具事因, 申取处分。有非一事, 故称"件状如前"。宰相状后判"引", 方许见。后人渐施于执政私第, 小说记施于私第自李德裕始, 近世谄敬者无高下一例用之, 谓之"大状"。予曾见白乐天诗稿, 乃是新除寿州刺史李_{忘其名}门状, 其前序住京因宜及改易差遣数十言, 其末乃言"谨祗候辞, 某官"。至如稽首之礼唯施于人君, 大夫家臣不稽首, 避人君也, 今则虽交游皆稽首。此皆生于谄事上官者始为流传, 至今不可复革。

辩　证

518. 庑 序 之 辨

今人多谓廊屋为庑, 按《广(雅)〔韵〕》"堂下曰庑", 盖堂下屋檐所覆处, 故曰立于庑下。凡屋基皆谓之堂, 廊檐之下亦得谓之庑, 但庑非廊耳。至如今人谓两廊为东、西序, 亦非也。序乃堂上东、西壁, 在室之外者, 序之外谓之荣。荣, 屋翼也。今之两徘徊又谓之两厦, 四(柱)〔注〕屋则谓之东、西溜, 今谓之"金厢道"者是也。

519. 梓　榆

梓榆, 南人谓之朴, 齐鲁间人谓之驳马。驳马即梓榆也, 南人谓之朴, 朴亦言驳也, 但声之讹耳,《诗》"隰有六驳"是也。陆机《毛诗疏》:"檀木, 皮似系迷, 又似驳马, 人云:'斫檀不谛得系迷, 系迷尚可得驳马。'"盖三木相似也。今梓榆皮甚似檀, 以其班驳似马之驳者,今解《诗》用《尔雅》之说以为兽,"倨牙,食虎豹",恐非也。兽,动物,岂常止于隰者,又与苞栎、苞棣、树檖非类,直是当时梓榆耳。

520. 襄王未梦神女

自古言楚襄王梦与神女遇,以楚辞考之似未然。《高唐赋》序云:"昔者先王尝游高唐,怠而昼寝,梦见一妇人,曰:'妾巫山之女也,为高唐之客,朝为行云,暮为行雨。'故立庙,号为朝云。"其曰"先王尝游高唐",则梦神女者怀王也,非襄王也。又《神女赋》序曰:"楚襄王与宋玉游于云梦之浦,使玉赋高唐之事。其夜王寝,梦与神女遇。王异之,明日以白玉,玉曰:'其梦若何?'对曰:'晡夕之后,精神恍惚,若有所喜,见一妇人,状甚奇异。'玉曰:'状如何也?'王曰:'茂矣美矣,诸好备矣;盛矣丽矣,难测究矣;瑰姿玮态,不可胜赞。'王曰:'若此盛矣,试为寡人赋之。'"以文考之,所云"茂矣"至"不可胜赞"云云皆王之言也,宋玉称叹之可也,不当却云"王曰'若此盛矣,试为寡人赋之'"。又曰"明日以白玉",人君与其臣语,不当称"白"。又其赋曰:"他人莫睹,玉览其状,望余帷而延视兮,若流波之将澜。"若宋玉代王赋之若王之自言者,则不当自云"他人莫睹,玉览其状",既称"玉览其状",即是宋玉之言也,又不知称"余"者谁也。以此考之,则"其夜王寝,梦与神女遇"者,"王"字乃"玉"字耳;"明日以白玉"者,"以白王"也,"王"与"玉"字误书之耳。前日梦神女者怀王也,其夜梦神女者宋玉也,襄王无预焉,从来枉受其名耳。

521. 王 才 人

《唐书》载武宗宠王才人,尝欲以为皇后,帝寝疾,才人侍左右,熟视曰:"吾气奄奄,顾与汝辞,奈何?"对曰:"陛下万岁后,妾得一殉。"及大渐,悉取所常贮散遗宫中,审帝已崩,即自经于幄下。宣宗即位,嘉其节,赠贤妃。按李卫公《文武两朝献替记》云:"自上临御,王妃有专房之宠,以娇妒忤旨,日夕而殒,群情无不惊惧,以谓上成功之后喜怒不测。"与《唐书》所载全别。《献替记》乃德裕手自记录,不当差谬,其书王妃之死固已不同,据《献替记》所言则王氏为妃久矣,亦非宣宗即位乃始追赠。按张祜集有《孟才人叹》一篇,其序曰:"武宗皇帝疾笃,迁便殿,孟才人以歌笙获宠者,密侍其右,上目之曰:'吾当不讳,尔何为哉?'指笙囊泣曰:'请以此就缢。'上悯然,复曰:'妾尝艺歌,愿对上歌一曲以泄其愤。'上以其恳,许之,乃歌一声《何满子》,气亟立殒,上令医候之,曰:'脉尚温而肠已绝。'"详此,则《唐书》所载者又疑其孟才人也。

522. 北 苑 茶

建茶之美者号"北苑茶"。今建州凤凰山,土人相传谓之北苑,言江南尝置官领之,谓之北苑使。予因读李后主文集有《北苑诗》及《北苑纪》,知北苑乃江南禁苑,在金陵,非建安也。江南北苑使,正如今之内园使。李氏时有北苑使善制茶,人竞贵之,谓之"北苑茶",如今茶器中有学士瓯之类,皆因人得名,非地名也。丁晋公为《北苑茶录》云:"北苑,地名也,今曰'龙焙'。"又云:"苑者,天子园囿之名。此在列郡之东隅,缘何却名北苑?"丁亦自疑之。盖不知北苑茶本非地名,始因误传,自晋公实之于书,至今遂谓之北苑。

523. 短 后 衣

唐以来,士人文章好用古人语而不考其意。凡说武人,多云"衣短后衣",不知短后衣作何形制。短后衣出《庄子·说剑》篇,盖古之士人衣皆曳后,故时有衣短后之衣者,近世士庶人衣皆短后,岂复更有短后之衣?

524. 班固讥迁不慊

班固论司马迁为《史记》,"是非颇谬于圣人,论大道则先黄老而后六经,序游侠则退处士而进奸雄,述货殖则崇势利而羞贫贱,此其所蔽也"。予按后汉王允曰"武帝不杀司马迁,使作谤书流于后世",班固所论乃所谓谤也,此正是迁之微意。凡《史记》次序、说论皆有所指,不徒为之,班固乃讥迁"是非颇谬于圣(贤)〔人〕",论甚不(款)〔慊〕。

525. 不 音 否 之 谬

人语言中有"不"字,可否世间事未尝离口也,而字书中须读作否音也。若谓古今言音不同,如云"不可"岂可谓之"否可","不然"岂可谓之"否然",古人曰"否,不然也"岂可曰"否,否然也"? 古人言音决非如此,止是字书谬误耳。若读《庄子》"不可乎不可"须云"否可",读《诗》须云"曷否肃雍"、"胡否饮焉",如此全不近人情。

526. 章 句 与 义 理

古人谓章句之学,谓分章摘句,则今之疏义是也。昔人有鄙章句之学者以其不主于义理耳,今人或谬以诗赋声律为章句之学,误矣。然章句不明亦所以害义理。如《易》云"终日乾乾",两"乾"字当为两句,上乾"知至至之",下乾"知终终之"也。"王臣蹇蹇",两"蹇"字谓王与臣也,九五、六二王与臣皆处蹇中,王任蹇者也,臣或为冥鸿可也,六二所以不去者以应乎五故也,则六二之蹇"匪躬之故"也。后人又改"蹇蹇"字为"謇",以謇謇比謏谔,尤为讹谬。"君子夬夬","夬夬"二义也,以义决其外,胜己之私于内也。凡卦名而重言之皆兼上下卦,如"来之坎坎"是也,先儒多以为连语,如虩虩、哑哑之类读之,此误分其句也。又"履虎尾咥人凶"当为句,君子则夬夬矣,何咎之有,况于凶乎。"自天祐之吉"当为句,非吉而利,则非所当祐也。

《书》曰"成汤既没,太甲元年",孔安国谓:"汤没,至太甲(方)〔立〕,称元年。"按《孟子》,成汤之后尚有外丙、仲壬,而《尚书疏》

非之；又或谓古书缺落，文有不具。以予考之，《汤誓》、《仲虺之诰》皆成汤时诰命，汤没，至太甲元年始复有《伊训》著于《书》，自是孔安国离其文于"太甲元年"下注之，遂若可疑，若通下文读之曰"成汤既没，太甲元年伊尹作《伊训》"，则文自足，亦非缺落。尧之终也，百姓如服考妣之丧三年。百姓，有命者也；为君斩衰，礼也。邦人无服，三年四海无作乐者，况畿内乎？《论语》曰"先行"当为句，"其言"自当后也。似此之类极多，皆义理所系，则章句亦不可不谨。

527. 断　　章

古人引《诗》，多举诗之断章，断音段，读如断截之断，谓如一诗之中只断取一章或一二句取义，不取全篇之义，故谓之"断章"。今之人多读断章，断音锻，谓诗之断句，殊误也。诗之末句古人只谓之"卒章"，近世方谓"断句"。

528. 玄纁五两

古人谓币言"玄纁五两"者，一玄一纁为一两。玄，赤黑，象天之色；纁，黄赤，象地之色。故天子六服皆玄衣纁裳，以朱渍丹秫染之。《尔雅》曰"一染谓之縓"，縓，今之茜也，色小赤；"再染谓之窥"，窥，赪也；"三染谓之纁"，盖黄赤色也。玄、纁二物也，今之用币以皂帛为玄纁，非也。古之言束帛者以五匹屈而束之，今用十匹者非也。《易》曰"束帛戋戋"，戋戋者寡也，谓之盛者非也。

529. 南　北　音

《经典释文》如熊安生辈，本河朔人，反切多用北人音；陆德明，吴人，多从吴音；郑康成，齐人，多从东音。如璧有肉好，肉音揉者，北人音也；"金作赎刑"，赎音树者，亦北人音也，至今河朔人谓肉为

揉、谓赎为树。如打字音丁梗反、罢字音部买反,皆吴音也;如疡医
"祝药劀杀之齐",祝音呪,郑康成改为注,此齐、鲁人音也,至今齐谓
注为呪;官名中尚书本秦官,尚音上,谓之尚书者秦人音也,至今秦
人谓尚为常。

乐　　律

530. 义 海 琴 艺

兴国中,琴待诏朱文济鼓琴为天下第一。京师僧慧日大师夷中
尽得其法,以授越僧义海。海尽夷中之艺,乃入越州法华山习之,谢
绝过从,积十年不下山,昼夜手不释弦,遂穷其妙。天下从海学琴者
辐辏,无有臻其奥,海今老矣,指法于此遂绝。海读书能为文,士大夫
多与之游,然独以能琴知名。海之艺不在于声,其意韵萧然得于声
外,此众人所不及也。

531. 燕乐二十八调

十二律,每律名用各别,正宫、大石调、般涉调七声,宫、〔羽、〕
商、角、徵、变宫、变徵也。今燕乐二十八调用声各别,正宫、大石调、
般涉调皆用九声,高五、高凡、高工、尺、上、高一、高四、(句)〔六〕、
合;大石角同此,加下五,共十声。中吕宫、双调、中吕调皆用九声,
紧五、下凡、高工、尺、上、下一、四、六、合;双角同此,加高一,共十
声。高宫、〔高大石调、〕高般涉皆用九声,下五、下凡、工、尺、上、
下一、下四、六、合;高大石角同此,加高四,共十声。道调宫、小石
调、正平调皆用九声,高五、高凡、高工、尺、上、高一、(下)〔高〕四、
六、合;小石角加勾字,共十声。南吕宫、歇指调、南吕调皆用七声,
下五、高凡、高工、尺、高一、高四、勾;歇指角加下工,共八声。仙
吕宫、林钟商、仙吕调皆用九声,紧五、下凡、工、尺、上、下一、高四、
六、合;林钟角加高工,共十声。黄钟宫、越调、黄钟羽皆用九声,高

五、下凡、高工、尺、上、高一、高四、六、合；越角加高凡，共十声。外则为犯。

燕乐七宫，正宫、高宫、中吕宫、道调宫、南吕宫、仙吕宫、黄钟宫；七商，越调、大石调、高大石调、双调、小石调、歇指调、林钟商；七角，越角、大石角、高大石角、双角、小石角、歇指角、林钟角；七羽，中吕调、南吕调又名高平调、仙吕调、黄钟羽又名大石调、般涉调、高般涉、正平调。

532.燕乐声调

十二律并清宫当有十六声，今之燕乐止有十五声，盖今乐高于古乐二律以下，故无正黄钟声。今燕乐只以合字配黄钟，下四字配大吕，高四字配太簇，下一字配夹钟，高一字配姑洗，上字配中吕，勾字配蕤宾，尺字配林钟，下工字配夷则，高工字配南吕，下凡字配无射，高凡字配应钟，六字配黄钟清，下五字配大吕清，高五字配太簇清，紧五字配夹钟清。虽如此，然诸调杀声亦不能尽归本律，故有祖调、正犯、偏犯、旁犯，又有寄杀、侧杀、递杀、顺杀。凡此之类皆后世声律渎乱，各务新奇，律法流散。然就其间亦自有伦理，善工皆能言之，此不备纪。

533.中声正声

乐有中声、有正声，所谓"中声"者，声之高至于无穷，声之下亦无穷，而各具十二律，作乐者必求其高下最中之声，不如是不足以致大和之音、应天地之节；所谓"正声"者，如弦之有十三泛韵，此十二律自然之节也。盈丈之弦其节亦十三，盈尺之弦其节亦十三，故琴以为十三徽。不独弦如此，金石亦然。《考工》为磬之法，"已上则磨其耑，已下则磨其旁"。磨之至于击而有韵处即与徽应，过之则复无韵；又磨之至于有韵处，复应以一徽。石无大小，有韵处亦不过十三，犹弦之有十三泛声也，此天地至理，人不能以毫厘损益其间，近世金石之工盖未尝及此。不得正声，不足为器；不得中声，不得为乐。

534. 十 六 声

律有四清宫，合十二律为十六，故钟磬以十六为一堵。清宫所以为止于四者，自黄钟而降至林钟，宫、商、角三律皆用正律，不失尊卑之序；至夷则即以黄钟为角，南吕以大吕为角，则民声皆过于君声，须当折而用黄钟、大吕之清宫；无射以黄钟为商、太族为角，应钟以大吕为商、(角钟)〔夹钟为角〕，不可不用清宫，此清宫所以有四也。其余徵、羽，自是事、物用变声，过于君声无嫌，自当用正律，此清宫所以止于四而不止于五也。君、臣、民用从声，事、物用变声，非但义理次序如此，声必如此然后和，亦非人力所能强也。

535. 声 律 差 舛

本朝燕部乐经五代离乱，声律差舛，传闻国初(此)〔比〕唐乐高五律，近世乐声渐下，尚高两律。予尝以问教坊老乐工，云："乐声岁久势当渐下，一事验之可见，教坊管色，岁月浸深则声渐差，辄复一易，祖父所用管色今多不可用，唯方响皆是古器。铁性易(缩)〔锈〕，时加磨莹，铁愈薄而声愈下。乐器须以金石为准，若准方响则声自当渐变。"古人制器用石与铜，取其不为风雨燥湿所移，未尝用铁者，盖有深意焉。律法既亡，金石又不足恃，则声不得不流亦自然之理也。

536. 扁 钟 圆 钟

古乐钟皆圆如合瓦。盖钟圆则声长，扁则声短，声短则节，声长则曲，节短处声皆相乱，不成音律。后人不知此意，悉为扁钟，急叩之多晃晃尔，清浊不复可辨。

537. 琴 瑟 应 声

琴瑟弦皆有应声,宫弦则应少宫,商弦即应少商,其余皆隔四相应,今曲中有声者须依此用之。欲知其应者,先调诸弦令声和,乃剪纸人加弦上,鼓其应弦则纸人跃,他弦即不动。声律高下苟同,虽在他琴鼓之应弦亦震,此之谓"正声"。

538. 敦 掣 住 折

乐中有敦、掣、住三声,一敦、一住各当一字,一大字住当二字,一掣减一字,如此迟速方应节,琴瑟亦然。更有折声,唯合字无,折一分、折二分至于折七八分者皆是。举指有浅深,用气有轻重,如笙、箫则全在用气,弦声只在抑按,如中吕宫一字、仙吕宫五字,皆比(似)〔他〕调低半格方应本调。唯禁伶能知,外方常工多不喻也。

539. 一弦稽琴格

熙宁中宫宴,教坊伶人徐衍奏稽琴,方进酒而一弦绝,衍更不易琴,只用一弦终其曲,自此始为一弦稽琴格。

540. 正声变声

律吕宫、商、角声各相间一律,至徵声顿间二律,所谓"变声"也。琴中宫、商、角皆用缠弦,至徵则改用平弦,隔一弦鼓之皆与九徽应,独徵声与十徽应,此皆隔两律法也。古法唯有五音,琴虽增少宫、少(角)〔商〕,然其用丝各半本律,乃律吕清倍法也,故鼓之六与一应、七与二应皆不失本律之声。后世有变宫、变徵者,盖自羽声隔八相生再起宫,而宫生徵,虽谓之宫、徵而实非宫、徵声也。变宫在宫、羽之间,变徵在角、徵之间,皆非正声,故其声庞杂破碎,不入本均,流以为郑卫,但爱其清焦而不复古人纯正之音。惟琴独为正声者,以其无间声以杂之也。世俗之乐惟务清新,岂复有法度,乌足道哉。

541.燕乐杀声

十二律配燕乐二十八调,除无徵音外,凡杀声,黄钟宫今为正宫,用六字;黄钟商今为越调,用六字;黄钟角今为林钟角,用尺字;黄钟羽今为中吕调,用六字。大吕宫今为高宫,用四字;大吕商、大吕角、大吕羽、太簇宫,今燕乐皆无。太簇商今为大石调,用四字;太簇角今为越角,用(上)〔工〕字;太簇羽今为正平调,用四字。夹钟宫今为中吕宫,用一字;夹钟商今为高大石调,用一字;夹钟角、夹钟羽、姑洗〔宫〕、商,今燕乐皆无。姑洗角今为大石角,用凡字;姑洗羽今为高平调,用一字。中吕宫今为道调宫,用上字;中吕商今为双调,用上字;中吕角今为高大石(调)〔角〕,用六字;中吕羽今为仙吕调,用上字。蕤宾宫、商、羽、角,今燕乐皆无。林钟宫今为南吕宫,用尺字;林钟商今为小石调,用尺字;林钟角今为双角,用四字;林钟羽今为(大吕)〔黄钟〕调,用尺字。夷则宫今为仙吕宫,用工字;夷则商、角、羽、南吕宫,今燕乐皆无。南吕商今为歇指调,用工字;南吕角今为小石角,用一字;南吕羽今为般涉调,用(四)〔工〕字。无射宫今为黄钟宫,用凡字;无射商今为林钟商,用凡字;无射角,今燕乐无;无射羽今为高般涉调,用凡字。应钟宫、应钟商,今燕乐皆无;应钟角今为歇指角,用尺字;应钟羽,今燕乐无。

补笔谈卷二

象　　数

542. 纳　音　新　说

又一说,子、午属庚,此纳甲之法。震初爻纳庚子、庚午也。丑、未属辛,巽初爻纳辛丑、辛未也。寅、申属戊,坎初爻纳戊寅、戊申也。卯、酉属己,离初爻纳己卯、己酉也。辰、戌属丙,艮初爻纳丙辰、丙戌也。巳、亥属丁。兑初爻纳丁巳、丁亥也。**一言而得之者,宫与土也**;假令庚子、庚午,一言便得庚;辛丑、辛未,一言便得辛;戊寅、戊申,一言便得戊;己卯、己酉,一言便得己,故皆属土。余皆仿此。**三言而得之者,徵与火也**;假令戊子、戊午皆三言而得庚,己丑、己未皆三言而得辛,丙寅、丙申皆三言而得戊,丁卯、丁酉皆三言而得己,故皆属火。**五言而得之者,羽与水也**;假令丙子、丙午皆五言而得庚,丁丑、丁未皆五言而得辛,甲寅、甲申皆五言而得戊,乙卯、乙丑皆五言而得己,故皆属水。**七言而得之者,商与金也**;假令甲子、甲午皆七言而得庚,乙丑、乙未皆七言而得辛,壬申、壬寅皆七言而得戊,癸丑、癸酉皆七言而得己,故皆属金。**九言而得之,角与木也**。假令壬子、壬午皆九言而得庚,癸丑、癸未皆九言而得辛,庚寅、庚申皆九言而得戊,辛卯、辛酉皆九言而得己,故皆属〔金〕〔木〕。

此出于《抱朴子》,云是《河图玉版》之文。然则一何以属土,三何以属火,五何以属〔金〕〔水〕?其说云:"中央总天之气一,南方丹天之气三,北方玄天之气五,西方素天之气七,东方苍天之气九。"皆奇数而无偶数,莫知何义,都不可推考。

543. 倒　　布

世俗十月遇壬日,北人谓之"入易",吴人谓之"倒布"。壬日气候如本月,癸日差温类九月,甲日类八月,如此倒布之,直至辛日如十一月。遇春、秋时节则温，夏则暑，冬则寒。辛日以后自如时令。此不出阴阳书，然每岁候之亦时有准，莫知何谓。

544. 潮　汐

卢肇论海潮，以谓日出没所激而成，此极无理。若因日出没，当每日有常，安得复有早晚？予常考其行节，每至月正临子、午则潮生，候之万万无差。此以海上候之得潮生之时，去海远即须据地理增添时刻。月正午而生者为潮，则正子而生者为汐；正子而生者为潮，则正午而生者为汐。

545. 十 二 气 历

历法见于经者，唯《尧典》言"以闰月定四时成岁"。置闰之法自尧时始有，太古以前又未知如何。置闰之法先圣王所遗，固不当议，然事固有古人所未至而俟后世者，如岁差之类方出于近世，此固无古今之嫌也。凡日一出没谓之一日，月一盈亏谓之一月，以日月纪天虽定名，然月行二十九日有奇复与日会，岁十二会而尚有余日，积三十二月复余一会，气与朔渐相远，中气不在本月，名实相乖，加一月谓之"闰"。闰生于不得已，犹构舍之用樿楔也，自此气朔交争，岁年错乱，四时失位，算数繁猥。凡积月以为时，四时以成岁，阴阳消长、万物生杀变化之节皆主于气而已，但记月之盈亏，都不系岁事之舒惨。今乃专以朔定十二月，而气反不得主本月之政。时已谓之春矣而犹行肃杀之政，则朔在气前者是也，徒谓之乙岁之春而实甲岁之冬也；时尚谓之冬也而已行发生之令，则朔在气后者是也，徒谓之甲岁之冬乃实乙岁之春也。是空名之正、二、三、四反为实，而生杀之实反为寓，而又生闰月之赘疣，此殆古人未之思也。

今为术，莫若用十二气为一年，更不用十二月，直以立春之日为孟之春一日，惊蛰为仲春之一日，大尽〔三十一日、小尽〕三十日，岁岁齐尽，永无闰余；十二月常一大、一小相间，纵有两小相并，一岁不过一次。如此，则四时之气常正，岁政不相陵夺，日、月、五星亦自从之，不须改旧法。唯月之盈亏，事虽有系之者如海潮、胎育之类，不预岁时寒暑之节，寓之历间可也。藉以元祐元年为法，当孟春小，一日壬寅、三日望、十九日朔；仲春大，一日壬申、三日望、十八日朔。如此，历日岂不简易端平，上符天运，无补缀之劳？予先验天百刻有余、有不足，人已疑其说；又谓十二次斗建当随岁差迁徙，人愈骇之。今此历论，尤当取怪怨攻骂，然异时必有用予之说者。

546. 五　　辰

天事以辰名者为多，皆本于辰巳之"辰"，今略举数事。十二支谓之十二辰，一时谓之一辰，一日谓之一辰，日、月、星谓之三辰，北极谓之北辰，大火谓之大辰，五星中有辰星，五行之时谓之五辰，《书》曰"抚于五辰"是也，已上皆谓之辰。

今考子、丑至于戌、亥谓之十二辰者，《左传》云"日月之会是谓辰"，一岁日月十二会，则十二辰也。日月之所舍始于东方，苍龙角、亢之星起于辰，故以所首者名之。子、丑、戌、亥之月既谓之辰，则十二支、十二时皆子、丑、戌、亥，则谓之辰无疑也。一日谓之一辰者，以十二支言也，以十干言之谓之今日，以十二支言之谓之今辰，故支干谓之日辰。日、月、星谓之三辰者，日、月、星至于辰而毕见，以其所见者名之，故皆谓之辰。四时所见有早晚，至辰则四时毕见，故日加辰为"晨"，谓日始出之时也。星有三类，一经星，北极为之长；二舍星，大火为之长；三行星，辰星为之长，故皆谓之辰。北辰居其所而众星拱之，故为经星之长。大火，天王之座，故为舍星之长。辰星，日之近辅，远乎日不过一辰，故为行星之长。五行之时谓之五辰者，春、夏、秋、冬各主一时，以四时分属五行，则春、夏、秋、冬虽属木、火、金、水，而建辰、建未、建戌、建丑之月各有十八日属土，故不可以时言，须当以月言。〔十二〕月谓之十二辰，则五行之时谓之五辰也。

547. 十 干 化 运

《黄帝素问》有五运六气。所谓"五运"者,甲、己为土运,乙、庚为金运,丙、辛为水运,丁、壬为木运,戊、癸为火运。如甲、己所以为土,戊、癸所以为火,多不知其因。予按,《素问·五运〔行〕大论》黄帝问五运之所始于岐伯,引《太始天元册》文曰"始于戊、己之分","所谓戊、己分者奎壁、角轸,则天地之门户也",王砅注引《遁甲》:"六戊为天门,六己为地户。"天门在戌、亥之间,奎壁之分;地户在辰、巳之间,角轸之分。

凡阴阳皆始于辰,〔上篇所论十二月谓之十二辰,十二支亦谓之十二辰,十二时亦谓之十二辰,日、月、星谓之三辰,五行之时谓之五辰。〕五运起于角轸者,亦始于辰也。甲、己之岁,戊己黅天之气经于角轸,故为土运;角属辰,轸属巳,甲、己之岁得戊辰、己巳,干皆属土,故为土运。下皆同此。乙庚之岁,庚辛素天之气经于角轸,故为金运,庚辰、辛巳也;丙、辛之岁,壬癸玄天之气经于角轸,故为水运,壬辰、癸巳也;丁、壬之岁,甲乙苍天之气经于角轸,故为木运,甲辰、乙巳也;戊、癸之岁,丙丁丹天之气经于角轸,故为火运,丙辰、丁巳也。《素问》曰始于"奎壁、角轸,则天地之门户也",凡运临角轸,则气在奎壁以应之,气与运常同天地之门户,故曰"土位之下,风气承之",甲、己之岁戊己土临角轸,则甲乙木在奎壁;奎属戌、壁属亥,甲、己之岁得甲戌、乙亥。下皆同此。曰"金位之下,火气承之"者,乙、庚之岁庚辛金临角轸,则丙丁火在奎壁;曰"水位之下,土气承之"者,丙、辛之岁壬癸水临角轸,则戊己土在奎壁;曰"风位之下,金气承之"者,丁、壬之岁甲乙木临角轸,则庚辛金在奎壁;曰"相火之下,水气承之"者,戊、癸之岁丙丁火临角轸,则壬癸水在奎壁。古今言《素问》者皆莫能喻,故具论如此。

548. 干 土 寄 支

世之言阴阳者,以十干寄于十二支,各有五行相从,唯戊己则常与丙丁同行。五行家则以戊寄于巳、己寄于午,六壬家亦以戊寄于巳而以己寄于未,唯《素问》以奎壁为戊分、轸角为己分。奎壁在亥、戌之间,谓之戊分,则戊当在戌也;轸角在辰、巳之间,谓之己分,则己当在辰也。《遁甲》以六戊为天门,天门在戌、亥之间,则戊亦当在戌;六己为地户,地户在辰、巳之间,则己亦当在辰。辰、戌皆土位,故戊己寄焉,二说正相合。按字书,戊从戈、从一,则戊寄于戌盖有从来;辰文从厂音汉、从辰,音身,《左传》"亥有二首六身"亦用此辰字。辰从乙音隐、从己,则己寄于辰与《素问》、《遁甲》相符矣。五行,土常与水相随。戊,阳土也;一,水之生数也。水乃金之子,水寄于西方金之末者,生水也,而旺土包之,此戊之理如是。己,阴土也;六,水之成数也。水乃木之母,水寄于东方木之末者,老水也,而衰土相与隐于厂下者,水土之墓也。厂,山岩之可居者;乙,隐也。

549. 音 律 之 数

律有(积实)〔实积〕之数,有长短之数,有周径之数,有清浊之数。

所谓"实积之数"者,黄钟管长九寸,(径)〔围〕九(寸)〔分〕,以黍实其中,其积九九八十一,此实积之数也。(林钟)〔太簇长八寸〕,(径)〔围〕九(寸)〔分〕,八九七十二,《前汉书》称八八六十四,误也,解具下文。余律准此。

所谓"长短之数"者,黄钟九寸,三分损一下生林钟,长六寸;林钟三分益一上生太簇,长八寸,此长短之数也,余律准此。

所谓"周径之数"者,黄钟长九寸,围九分;古人言黄钟围九分,举盈数耳,细率之当周九分七分之三。林钟长六寸,亦围九分,十二律皆围九分,《前汉》志言"林钟围六分"者误也,予于《乐论》辩之甚详。《史记》称"林钟五寸十分四",此则六九(分)五十四,足以验《前汉》误也。余律准此。

所谓"清浊之数"者,黄钟长九寸为正声,一尺八寸为黄钟浊宫,四寸五分为黄钟清宫,倍而长为浊宫,倍而短为清宫。余律准此。

550. 八 卦 之 数

八卦有过揲之数，有归余之数，有阴阳老少之数，有河图之数。

所谓"过揲之数"者，亦谓之八卦之策。乾九揲而得之，揲必以四，四九三十六；坤六揲而得之，揲必以四，四六二十四。此乾、坤之策，过揲之数也，余卦准此。前卷叙之已详。

所谓"归余之数"者，乾一爻三少，初变之初五，再变、三变之初各四，并卦为十四，爻三合四十二，此乾卦归余之数也；坤一爻三(少)〔多〕，初变之初九，再变、三变各八，并卦为二十(爻)〔六〕，(三爻)〔爻三〕合之七十八，此坤卦归余之数也，余卦准此。

"阴阳老少之数"，乾九揲而得之，故曰老阳之数九；坤六揲而得之，故曰老阴之数六；震、艮、坎皆七揲而得之，故曰少阳之数七；巽、离、兑皆八揲而得之，故曰少阴之数八。

所谓"河图之数"者，河图北方一、南方九、东方三、西方七、东北八、西北六、东南四、西南二、中央五，乾得〔东、东南、西〕南、中、北，故其数十有五；坤得(东)西、南、东北、西北，故其数三十；震得东南、西南、东、西、北，故其数十有七；巽得南、中、东北、西北，故其数二十有八；坎得东南、西南、东北、西北、中，故其数二十有五；离得东、西、南、北，故其数二十；艮得南、东、西、东北、西北，故其数三十有三；兑得东南、西南、中、北，故其数十有二，具图如后。

551. 藏 往 知 来

揲蓍之法，凡一爻含四卦，凡一阳爻，乾为老阳，两多一少，非震即坎，非坎即艮，少在前震也，少在中坎也，少在后艮也，三揲之中含此四卦方能成一爻。阴爻亦如此，三爻坤为老阴，两少一多，非巽即离，非离即兑，多在前巽也，多在中离也，多在后兑也。积三爻为内卦，凡含十二卦。一爻含四卦，三爻共十二卦也。所以含十二卦，自相重为六，〔内〕卦〔三〕爻，凡得六十四卦；重卦之法，以下爻四卦乘中爻四卦得十六卦，又以上爻四卦乘之得六十四卦。外卦三爻，亦六十四卦。以内外六十四卦复自相乘，为四千九十六卦，方成《易》之卦。此之卦法也。揲蓍凡十有八变成《易》之一卦，一卦之中含四千九十六卦在其间，细算之乃见。凡一卦可变为六十四卦，此变卦法，《周易》是也。六十四卦之为四千九十六卦，此之卦法也，如乾之坤、之屯、之蒙，尽六十四卦每卦皆如此，共得四千九十六卦，今焦贡《易林》中所载是也。四千九十六卦方得能却成一卦，终始相生，以首生尾，以尾生首，积至微之数以成至大，积至大之数却为至微，循环无端，莫知首尾，故《罔象成名图》曰"其大无外，其小无内，迎之不见其首，随之不见其尾"。一卦变为六十四卦，六十四卦之为四千九十六卦，四千九十六卦却变为一卦，循环相生，莫如其端。大小一也，积小以为大，积大复为小，岂非一乎？往来一也，首穷而成尾，尾穷而反成首，岂非一乎？故至诚可以前知，始末无异故也。以夜为往者，以昼为来；以昼为往者，以夜为来。来往常相代，而吾所以知之者一也，故藏往知来不足怪也。圣人独得之于心而不可言喻，故设象以示人。象安能藏往知来，成变化而行鬼神？学者当观象以求圣人所以自然得者，宛然可见，然后可以藏往知来，成变化而行鬼神矣。《易》之象皆如是，非独此数也，知言象为糟粕，然后可以求《易》。

官　政

552. 不使一物失所

有一朝士与王沂公有旧，欲得齐州，沂公曰："齐州已差人。"乃与庐州，不就，曰："齐州地望卑于庐州，但于私便尔耳，相公不使一物失所，改易前命当亦不难。"公正色曰："不使一物失所唯是均平，若夺一与一，此一物不失所，则彼一物必失所。"其人惭沮而退。

553. 孙伯纯远虑

孙伯纯史馆知海州日，发运司议置洛要、板浦、惠泽三盐场，孙以为非便,发运使亲行郡,决欲为之,孙抗论排沮甚坚,百姓遮孙,自言置盐场为便,孙晓之曰:"汝愚民,不知远计。官买盐虽有近利,官盐患在不售,不患盐不足,盐多而不售,遗患在三十年后。"至孙罢郡,卒置三场。近岁(连)〔涟〕、海间刑狱、盗贼、差徭比旧浸繁,多缘三盐场所置积盐如山,运卖不行,亏失欠负,动辄破人产业,民始患之。朝廷调发军器有弩椿、箭干之类,海州素无此物,民甚苦之,请以鳔胶充折,孙谓之曰:"弩椿、箭干共知非海州所产,盖一时所须耳,若以土产物代之,恐汝岁被科无已时也。"其远虑多类此。

554. 争 字 构 讼

孙伯纯史馆知苏州,有不逞子弟与人争"状"字当从犬、当从大,因而构讼,孙令褫去巾带,纱帽下乃是青巾,孙判其牒曰:"偏旁从大,书传无闻;巾帽用青,屠沽何异?量决小杖八下。"苏民传之,以为口实。

555. 张 知 县 菜

忠定张尚书曾令鄂州崇阳县,崇阳多旷土,民不务耕织,唯以植茶为业,忠定令民伐去茶园,诱之使种桑麻,自此茶园渐少,而桑麻特盛于鄂、岳之间。至嘉祐中改茶法,湖、湘之民苦于茶租,独崇阳茶租最少,民监他邑,思公之惠,立庙以报之。民有入市买菜者,公召谕之曰:"邑居之民无地种植,且有他业,买菜可也,汝村民皆有土田,何不自种而费钱买菜?"笞而遣之,自后人家皆置圃,至今谓芦菔为"张知县菜"。

权　智

556. 释 谍 却 虏

王子醇枢密帅熙河日,西戎欲入寇,先使人觇我虚实,逻者得之,索其衣缘中获一书,乃是尽记熙河人马、刍粮之数,官属皆欲支解以殉，子醇忽判杖背二十，大刺面"蕃贼决讫放归"六字纵之。是时适有戍兵步骑甚众，刍粮亦富，虏人得谍书知有备，其谋遂寝。

557. 老军校退敌

宝元元年党项围延安七日，邻于危者数矣，范侍郎雍为帅，忧形于色，有老军校出，自言曰："某边人，遭围城者数次，其势有近于今日者，虏人不善攻，卒不能拔。今日万万无虞，某可以保任，若有不测，某甘斩首。"范嘉其言壮人心，亦为之小安，事平，此校（夫）〔大〕蒙赏拔，言知兵善料敌者首称之。或谓之曰："汝敢肆妄言，万一言不验，须伏法。"校笑曰："君未之思也。若城果陷，何暇杀我邪？聊欲安众心耳。"

558.《汉书》脱略

韩信袭赵，先使万人背水阵，乃建大将旗鼓出井陉口，与赵人大战，佯败，弃旗鼓走水上。军背水而阵已是危道，又弃旗鼓而趋之，此必败势也，而信用之者，陈余老将，不以必败之势邀之不能致也，信自知才过余，乃敢用此耳。向使余小黠于信，信岂得不败？此所谓知彼知己，量敌为计。后之人不量敌势，袭信之迹，决败无疑。

汉五年楚、汉决胜于垓下，信将三十万自当之，孔将军居左，费将军居右，高帝在其后，绛侯、柴武在高帝后。信先合不利，孔将军、费将军纵，楚兵不利，信复乘之，大败楚师，此亦拔赵策也。信时威震天下，籍所惮者独信耳，信以三十万人不利而却，真却也，然后不疑，故信与二将得以乘其隙，此"建成堕马"势也。信兵虽却，而二将维其左右，高帝军其后，绛侯、柴武又在其后，异乎背水之危，此所以待项籍也，用破赵之迹则奸矣。此皆信之奇策。

观古人者当求其意，不徒视其迹。班固为《汉书》乃削此一事，盖固不察所以得籍者，正在此一战耳。从古言韩信善用兵，书中不见信所以善者。予以谓信说高帝还用三秦，据天下根本，见其断；虏魏豹、斩龙且，见其智；拔赵、破楚，见其应变；西向师亡虏，见其有大志。此其过人者，惜乎《汉书》脱略，漫见于此。

559. 种世衡用间

种世衡初营清涧城，有紫山寺僧法崧刚果有谋，以义烈自名，世衡延置门下，恣其所欲，供亿无算，崧酗酒、狎博无所不为，世衡遇之愈厚。留岁余，崧亦深德世衡，自处不疑。一日，世衡忽怒谓崧曰："我待汝如此而阴与贼连，何相负也？"拽下械击捶掠，极其苦楚，凡一月，濒于死者数矣，崧终不伏，曰："崧丈夫也，公听奸人言，欲见杀则死矣，终不以不义自诬。"毅然不顾。世衡审其不可屈，为解缚沐浴，复延入卧内，厚抚谢之曰："尔无过，聊相试耳。欲使为间，万一可胁，将泄吾事，设虏人以此见穷，能不相负否？"崧默然曰："试为公为之。"世衡厚遗遣之，以军机密事数条与崧曰："可以此藉手，仍伪报西羌。"临行，世衡解所服絮袍赠之曰："胡地苦寒，以此为别，至彼须万计求见遇乞，非此人无以得其心腹。"遇乞，虏人之谋臣也。崧如所教，间关求通遇乞，虏人觉而疑之，执于有司，数日，或发袍，领中得世衡与遇乞书，词甚款密。崧初不知领中书，虏人苦之备至，终不言情，虏人因疑遇乞，舍崧迁于北境。久之，遇乞终以疑死，崧邂逅得亡归，尽得虏中事以报。朝廷录其劳，补右侍禁，归姓为王。崧后官至诸司使，至今边人谓之"王和尚"。世衡本卖崧为死间，邂逅得生还亦命也。康定之后，世衡数出奇计。予在边，得于边人甚详，为新其庙像，录其事于篇。

560. 一举济三役

祥符中禁火，时丁晋公主营复宫室，患取土远，公乃令凿通衢取土，不日皆成巨堑，乃决汴水入堑中，引诸道竹木排筏及般运杂材，尽自堑中入至宫门，事毕却以斥弃瓦砾灰壤实于堑中，复为街衢。一举而三役济，计省费以亿万计。

561. 凿 澳 修 船

国初两浙献龙船，长二十余丈，上为宫室层楼，设御榻以备游幸。岁久腹败，欲修治而水中不可施工，熙宁中宦官黄怀信献计，于金明池北凿大澳可容龙船，其下置柱，以大木梁其上，乃决水入澳，引船当梁上，即车出澳中水，船乃于空中，完补讫复以水浮船，撤去梁柱，以大屋蒙之，遂为藏船之室，永无暴露之患。

艺　文

562. 真 摹 淆 乱

李学士世衡喜藏书，有一晋人墨迹在其子绪处，长安石从事尝从李君借去，窃摹一本以献文潞公，以为真迹。一日潞公会客，出书画而李在坐，一见此帖惊曰："此帖乃吾家物，何忽至此？"急令人归取验之，乃知潞公所收乃摹本，李方知为石君所传，具以白潞公，而坐客墙进，皆言潞公所收乃真迹，而以李所收为摹本，李乃叹曰："彼众我寡，岂复可伸？今日方知身孤寒。"

563. 墨　　禅

章枢密子厚善书，尝有语："书字极须用意，不用意而用意，皆不能佳。此有妙理，非得之于心者不晓吾语也。"尝自谓"墨禅"。

564. 书法入神之途

世之论书者，多自谓书不必有法，各自成一家。此语得其一偏，譬如西施、毛嫱，容貌虽不同而皆为丽人，然手须是手、足须是足，此不可移者。作字亦然，虽形气不同，掠须是掠、磔须是磔，千变万化，此不可移也。若掠不成掠、磔不成磔,纵其精神、筋骨犹西施、毛嫱,而手足乖戾,终不为完人;杨朱、墨翟贤辩过人,而卒不入圣域。尽得师法,律度备全,犹是奴书,然须自此入,过此一路乃涉妙境,无迹可窥,然后入神。

565. 八　分　书

今世俗谓之"隶书"者,只是古人之八分书,谓初从篆文变隶,尚有二分篆法,故谓之"八分书",后乃全变为隶书,即今之正书、章草、行书、草书皆是也。后之人乃误谓古八分书为隶书,以今时书为正书,殊不知所谓"正书"者,隶书之正者耳,其余行书、草书皆隶书也。杜甫《李潮八分小篆歌》云:"陈仓石鼓文已讹,大小二篆生八分。苦县光和尚骨立,书贵瘦硬方通神。"苦县,《老子朱龟碑》也。《书评》云:"汉、魏牌榜碑文和《华山碑》,皆今所谓隶书也,杜甫诗亦只谓之八分。"又《书评》云:"汉、魏牌榜碑文非篆即八分,未尝用隶书。"知汉、魏碑文皆八分,非隶书也。

566. 后 主 钟 隐 笔

江南府库中书画至多,其印记有"建业文房之印"、"内合同印"。"集贤殿书院印"以墨印之,谓之"金图书",言惟此印以黄金为之。诸书画中时有李后主题跋,然未尝题书画人姓名,唯钟隐画皆后主亲笔题"钟隐笔"三字。后主善画,尤工翎毛。或云凡言"钟隐笔"者皆后主自画,后主尝自号钟山隐士,故晦其名,谓之钟隐,非姓钟人也。今世传钟画,但无后主亲题者皆非也。

器　　用

567. 兵 车 制 度

熙宁八年章子厚与予同领军器监,被旨讨论兵车制度,本监以

《周礼·考工记》及《小戎》诗考定，车轮崇六尺〔六寸〕，轵崇三尺三寸。毂末至地也。并轸軚为四尺。(互)〔牙〕围一尺一寸，厚一尺三分寸之二。车罔也。毂长三尺二寸，径一尺三分寸之二。轮之(数)〔薮〕三寸九分寸之五，毂上札辐凿眼是也。大穿内径四寸五分寸之二，记谓之"贤"，毂之里穿也。小穿内径(三)〔二〕寸十五分寸之四。记谓之"轵"，毂之外穿也。辐〔内〕九寸半，辐外一尺九寸，并辐〔广〕三寸半，共三尺二寸，乃毂之长。金厚一寸，大小穿其金皆一寸。辐广三寸半。深亦如之。舆六尺六寸，车(队)〔隧〕四尺四寸。(队)〔隧〕音遂，谓车之深。盖深四尺四寸，广六尺六寸也。(或)〔式〕深一尺四寸三分寸之二，七寸三分寸之一在轸内。崇三尺三寸，半舆之(深谓)〔广为〕之崇。较崇二尺二寸，通高五尺五寸。较，两輢上出(二)〔式〕者，并车高五尺五寸。轸围一尺一寸，车后横木。(贰)〔式〕围七寸三分寸之一，较围四寸九分寸之八，轵围三寸二十七分寸之七，此轵乃輢木之植者，衡者与毂末同名。轛围二寸八十一分寸之十四。此(贰)〔式〕之植者，衡者如较之植轵而名互异。任正围一尺四寸五分寸之二。此舆下三面材，持车正者。辀深四尺七寸，此梁䡓辀也。轵崇三尺三寸，此辀如桥梁，矫上四尺七寸，并衡颈为八尺七寸。国马高八尺，除衡颈则如马之高。长一丈四尺四寸。辀前十尺，队四尺四寸。辀前一丈。策长五尺。衡围一尺三寸五分寸之一，长六尺六寸，轴围一尺三寸五分寸之一，兔围一尺四寸五分寸之二，辀当伏兔者，与任正相应。颈围九寸十五分寸之九，颈，辀前持衡者。踵围七寸七十五分寸之五〔十一〕。踵，辀后承(辕)〔轸〕处。轨广八尺，两辙之间。阴如轨之长。侧于轨前。軧二，前着骖辔，后属阴。在骖之外，所以(正)〔止〕出。胁驱长一丈，皮为之，前系于衡，后属于轸，(内)〔当〕胁所以止(之)〔入〕。服马颈当衡軛，两服齐首。骖马齐衡，两骖雁行，谓小却也。辔六。服马二辔，骖马一辔。度皆以周尺。一尺当今七寸三分少强。以法付作坊制车，兼习五御法，是秋八月大阅，上御延和殿亲按，藏于武库以备仪物而已。

568.古器曲意

古鼎中有三足皆空、中可容物者，所谓鬲也。煎和之法，常欲滓在下、体在上，则易熟而不偏烂，及升鼎则浊滓皆归足中。鼎卦初六

"鼎颠趾,利出否",谓浊恶下,须先泻而虚之,九二阳爻方为鼎实。今京师大屠善熟彘者,钩悬而煮,不使着釜底,亦古人遗意也。又古铜香垆多镂其底,先入火于垆中,乃以灰覆其上,火盛则难灭而持久,又防垆热灼席,则为盘荐水以渐其趾,且以承灰炱之坠者。其他古器率有曲意,而形制文画大概多同,盖有所传授,各守师法,后人莫敢辄改。今之众学,人人皆出己意,奇衺浅陋,弃古自用,不止器械而已。

569. 立　　镇

"大夫七十而有阁,天子之阁,左达五、右达五",阁者板格,以庋膳羞者,正是今之立镇。今吴人谓立镇为"厨"者,原起于此,以其贮食物也,故谓之"厨"。

补笔谈卷三

异　　事

570.金　缠　腰

韩魏公庆历中以资政殿学士帅准南，一日后园中有芍药一干分四岐，岐各一花，上下红，中间黄蕊间之。当时扬州芍药未有此一品，今谓之"金缠腰"者是也。公异之，开一会，欲招四客以赏之，以应四花之瑞。时王岐公为大理寺评事、通判，王荆公为大理评事、签判，皆召之，尚少一客，以判铃辖诸司使——忘其名——官最长，遂取以充数。明日早衙，铃辖者申状暴泄不至，尚少一客，命取过客历求一朝官足之，过客中无朝官，唯有陈秀公时为大理寺丞，遂命同会。至中筵剪四花，四客各簪一枝，甚为盛集，后三十年间四人皆为宰相。

571.龟　葬　梁　家

濒海素少士人，祥符中廉州人梁氏卜地葬其亲，至一山中，见居人说，旬日前有数十龟负一大龟葬于此山中，梁以谓龟神物，其葬处或是福地，与其人登山观之，乃见有丘墓之象，试发之果得一死龟，梁乃迁葬他所，以龟之所穴葬其亲。其后梁生三子，立仪、立则、立贤，立则、立贤皆以进士登科。立仪尝预荐，皇祐中依智高平，推恩授假板官。立则值熙宁立八路选格，就二广连典十余郡，今为朝请大夫致仕，予亦识之。立仪、立则皆朝散郎，至今皆在，徙居广州，郁为士族，至今谓之"龟葬梁家"。龟能葬，其事已可怪，而梁氏适兴，其偶然邪，抑亦神物启之邪？

杂 志

572. 名 流 雅 谑

宋景文子京判太常日，欧阳文忠公、刁景纯同知礼院。景纯喜交游，多所过从，到局或不下马而去。一日退朝，与子京相遇，子京谓之曰："久不辱至寺，但闻走马过门。"李邯郸献臣立谈间，戏改杜子美《赠郑广文》诗嘲之曰："景纯过官舍，走马不曾下。忽地退朝逢，便遭官长骂。多罗四十年，偶未识摩毡。赖有王宣庆，时时乞与钱。"叶道卿、王原叔各为一体诗，写于一幅纸上，子京于其后题六字曰"效子美诬景纯"，献臣复注其下曰"道卿(著)〔隶〕，原叔古篆，子京题篇，献臣小书"。欧阳文忠公又以子美诗书于一绫扇上，高文庄在坐，曰："今日我独无功。"乃取四公所书纸为一小帖，悬于景纯直舍而去。时西羌首领唃厮罗新归附，磨毡乃其子也；王宣庆大阉求景纯为墓志，送钱三百千，故有"磨毡"、"王宣庆"之诮。今诗帖在景纯之孙概处，扇诗在杨次公家，皆一时名流雅谑，予皆曾借观，笔迹可爱。

573. 吴道子画钟馗

禁中旧有吴道子画钟馗，其卷首有唐人题记曰："明皇开元讲武骊山，岁□翠华还宫，上不怿，因疟作，将逾月，巫医殚伎不能致良。忽一夕梦二鬼，一大一小。其小者衣绛犊鼻，屦一足，跣一足，悬一屦，搢一大筤纸扇，窃太真紫香囊及上玉笛，绕殿而奔。其大者戴帽，衣蓝裳，袒一臂，鞹双足，乃捉其小者，刳其目，然后擘而啖之。上问大者曰：'尔何人也？'奏云：'臣钟馗氏，即武举不捷之士也，誓与陛下除天下之妖孽。'梦觉，疟若顿瘳而体益壮。乃诏画工吴道子，告之以梦，曰：'试为朕如梦图之。'道子奉旨，恍若有睹，立笔图讫以进，上瞠视久之，抚几曰：'是卿与朕同梦耳，何肖若此哉！'道子进曰：'陛下忧劳宵旰，以衡石妨膳而疟得犯之，果有蠲邪之物以卫圣德。'因舞蹈上千万岁寿，上大悦，劳之百金，批曰：'灵祇应梦，厥疾全瘳。烈士除妖，实须称奖。因图异状，颁显有司。岁暮驱除，可宜遍识。以祛邪魅，兼静妖氛。仍告天下，悉令知委。'"

熙宁五年，上令画工摹拓镌板，印赐两府辅臣各一本。是岁除夜，遣入内供奉官梁楷就东西府给赐钟馗之象。观此题相记，似始于开元时，皇祐中金陵上元县发一冢，有石志，乃宋征西将军宗悫母郑夫人墓。夫人，汉大司农郑众女也。悫有妹名钟馗，后魏有李钟馗，隋将乔钟馗、杨钟馗，然则钟馗之名从来亦远矣，非起于开元之时，开元之时始有此画耳。"钟馗"字亦作"钟葵"。

574. 因 诉 改 谥

故相陈岐公，有司谥荣灵，太常议之，以荣灵为甚，请谥恭。以"恭"易"荣灵"虽差美，乃是用唐许敬宗故事，适足以为累耳。钱文僖公始谥不善，人有为之申理而改思，亦是用于頔故事，后乃易今谥。

575. 守 令 图

地理之书，古人有飞鸟图，不知何人所为。所谓"飞鸟"者，谓虽有四至里数，皆是循路步之，道路迂直而不常，既列为图则里步无缘相应，故按图别量径直四至，如空中鸟飞直达，更无山川回屈之差。予尝为守令图，虽以二寸折百里为分率，又立准望、互融，旁验高下、方斜、迂直七法，以取鸟飞之数。图成，得方隅远近之实，始可施此法，分四至、八到为二十四至，以十二支、甲乙丙丁庚辛壬癸八干、乾坤艮巽四卦名之，使后世图虽亡，得予此书，按二十四至以布郡县立可成图，毫发无差矣。

576. 咸 平 和 议

咸平末，契丹犯边，戍将王显、王继忠屯兵镇定，虏兵大至，继

忠力战，为契丹所获，授以伪官，复使为将，渐见亲信。继忠乘间
进说契丹讲好朝廷，息民为万世利，虏母老，亦厌兵，遂纳其言，因
寓书于莫守石普，使达意于朝廷，时亦未之信。明年虏兵大下，遂
至河，车驾亲征，驻跸澶渊，而继忠自虏中具奏戎主请和之意，达
于行在，上使曹利用驰遗契丹书，与之讲平。利用至大名，时王冀
公守大名，以虏方得志，疑其不情，留利用未遣。会围合不得出，
朝廷不知利用所在，又募人继往，得殿前散直张皓，引见行在，皓
携九岁子见曰："臣不得虏情为报，誓死不还，愿陛下录其子。"上
赐银三百两遣之。皓出澶州，为徽骑所掠，皓具言讲和之意，骑乃
引与俱见戎母萧及戎主。萧挛车帏召皓，以木横车轵上令皓坐，与
之酒食，抚劳甚厚。皓既回，闻虏欲袭我北塞，以其谋告守将周文
质及李继隆、秦翰、文质等，厚备以待之，黎明虏兵果至，迎射其大
师挞览坠马死，虏兵大溃。上复使皓申前约及言已遣曹利用之意，
皓入大名以告王冀公，与利用俱往，和议遂定，乃改元景德。后皓
为利用所轧，终于左侍禁。真宗后知〔之〕，录其先留九岁子牧为
三班奉职，而累赠继忠至大同军节度使兼侍中。国史所书本末不
甚备，予得其详于张牧及王继忠之子从伍之家。蒋颖叔为河北都
转运使日，复为从伍论奏，追录其功。

577. 书 后 敬 空

前世风俗，卑者致书于所尊，尊者但批纸尾答之曰"反"，故人谓
之"批反"，如官司批状、诏书批答之类。故纸尾多作"敬空"字，自
谓不敢抗敌，但空纸尾以待批反耳。尊者亦自处不疑，不务过敬。前
世启甚简，亦少用联幅者，后世虚文浸繁，无昔人款款之情，此风极可
惜也。

578. 阵 数

风后八阵，大将握奇处于中军，则并中军为九军也。唐李靖以

兵少难分九军,又改制六花阵,并中军为七军。予按,九军乃方法,七军乃圆法也。算术,方物八裹一,盖少阴之数,并其中为老阳;圆物六裹一,乃老阴之数,并其中为少阳。此物之定行,其数不可改易者,既为方、圆二阵,势自当如此。九军之次,李靖之后始变古法,为前军、〔策前军、〕右虞候军、右军、中军、左虞候军、〔左军、〕后军、〔策后军;七军之次,前军、右虞候军、右军、中军、左虞候军、左军、后军〕,扬奇备伏。先锋、踏白皆在阵外,跳荡、弩手其人皆在军中。

579. 九军阵法

熙宁中,使六宅使郭固等讨论九军阵法,著之为书,颁下诸帅府,副藏秘阁。固之法,九军共为一营阵,行则为阵,住则为营。以驻队绕之。若依古法,人占地二步、马四步,军中容军、队中容队,则十万人之阵占地方十里余,天下岂有方十里之地无丘阜、沟涧、林木之碍者?兼九军共以一驻队为篱落,则兵不复可分,如九人共一皮,分之则死,此正孙武所谓“縻军”也。有言阵法有“面面相向,背背相承”之文,固不能解,乃使阵间士卒皆侧立,每两行为巷,令面相向而立,虽文应古说,不知士卒侧立如何应敌?上疑其说,使予再加详定。予以谓九军当使别自为阵,虽分列左右前后而各占地利,以驻队外向自绕,纵越沟涧、林薄不妨各自成营,金鼓一作则卷舒合散,浑浑沦沦而不可乱,九军合为一大阵,则中分四衢如井田法,九军皆背背相承、面面相向,四头八尾,触处为首。上以为然,亲举手曰:“譬如此五指,若共为一皮包之则何以施用?”遂著为令,今营阵法是也。

580. 尚　　右

古人尚右,主人居左、坐客在右者,尊宾也,今人或以主人之位让客,此甚无义。惟天子适诸侯“升自阼阶”者,主道也,非以左为尊也。《礼记》曰:“主人就东阶,客就西阶。客若降等,则就主人之阶。

主人固辞，乃就西阶。"盖尝以西阶为尊，就主人阶所以为敬也。韩信得广武君，东向坐，西向对而师事之，此尊右之实也。今惟朝廷有此礼，凡臣僚登阶奏事，皆由东阶立于御座之东，不由西者，天子无宾礼也。方外唯释门主人升堂，众宾皆立于西，惟职属及门弟子立于东，盖旧俗时有存者。

581. 扬州二十四桥

扬州在唐时最为富盛，旧城南北十五里一百一十步，东西七里十三步，可纪者有二十四桥。最西浊河茶园桥，次东大明桥今大明寺前，入西水门有九曲桥今建隆寺前，次东正当帅牙南门有下马桥，又东作坊桥，桥东河转向南有洗马桥，次南桥见在今州城北门外，又南阿师桥、周家桥今此处为城北门、小市桥今存、广济桥今存、新桥、开明桥今存、顾家桥、通泗桥今存、太平桥、利园桥，出南水门有万岁桥今存、青园桥，自驿桥北河流东出有参佐桥今开元寺前，次东水门今有新桥，非古迹也，东出有山光桥。见在今山光寺前。又自衙门下马桥直南有北三桥、中三桥、南三桥，号"九桥"，不通船，不在二十四桥之数，皆在今州城西门之外。

582. 水　　丹

士人李，忘其名，皇祐中为舒州观察支使，能为水丹。时王荆公为通判，问其法，云："以清水入土鼎中，其下以火然之，少日则水渐凝结如金玉，精莹骇目。"问其方，则曰："不用一切，但调节水火之力，毫发不均即复化去，此坎、离之粹也。"曰："日月各有进退节度。"予不得其详，推此可以求养生治病之理。如仲春之月草木奋发，鸟兽孳乳，此定气所化也。今人于春、秋分夜半时汲井水满大瓮中，封闭七日，发视则有水花生于瓮面如轻冰，可采以为药，非二分时则无，此中和之在物者；以春、秋分时吐翕咽津，存想腹胃，则有丹砂自腹中下，璀然耀日，术家以为丹药，此中和之在人者。凡变化之物皆由此道，理穷玄化，天人无异，人自不思耳。深达此理，则养生治疾可通神矣。

药 议

583. 莽 草

世人用莽草，种类最多，有叶大如手掌者，有细叶者，有叶光厚坚脆可拉者，有柔软而薄者，有蔓生者，多是谬误。按《本草》："若石南而叶稀无花实。"今考，木若石南信然，叶稀无花实亦误也。今莽草，蜀道、襄汉、浙江湖间山中有，枝叶稠密，团栾可爱，叶光厚而香烈，花红色，大小如杏花，六出反卷向上，中心有新红蕊，倒垂下，满树垂动摇摇然，极可玩。襄汉间渔人竞采以捣饭饴鱼，皆翻上，乃捞取之。南人谓之"石桂"，白乐天有庐山桂诗，其序曰"庐山多桂树"，又曰"手攀青桂枝"，盖此木也。唐人谓之"红桂"，以其花红故也，李德裕诗序曰："龙门敬善寺有红桂树独秀伊川，移植郊园众芳色沮，乃是蜀道莽草徒得佳名耳。"卫公此说亦甚明。自古用此一类，仍毒鱼有验，《本草》木部所收不知何缘谓之草，独此未喻。

584. 流 水 止 水

孙思邈《千金方》人参汤，言须用流水煮，用止水则不验。人多疑流水、止水无异，予尝见丞相荆公喜放生，每日就市买活鱼，纵之江中莫不洋然，唯鳅入江中辄死，乃知鳅但可居止水，则流水与止水果不同，不可不知。又鲫鱼生流水中则背鳞白而味美，生止水中则背鳞黑而味恶，此亦一验。《诗》所谓"岂其食鱼，必河之鲂"，盖流水之鱼品流自异。

585. 摩娑石与无名异

熙宁中阇婆国使人入方物，中有摩娑石二块，大如枣，黄色微似花蕊；又无名异一块，如莲药，皆以金函贮之。问其人真伪何以为验，使人云："摩娑石有五色，石色虽不同，皆姜黄汁磨之汁赤如丹砂者为真。无名异色黑如漆，水磨之色如乳者为真。"广州市舶司依其言试之皆验，方以上闻。世人蓄摩娑石、无名异颇多，常患不能辨真伪。小说及古方书如《炮炙论》之类亦有说者，但其言多怪诞不近人情。天圣中予伯父吏书新除明州，章(宪)〔献〕太后有旨令于舶船求此二物，内出银三百两为价，值如不足更许于州库贴支，终任求之竟不可得。医潘璟家有白摩娑石，色如糯米糍，磨之亦有验，璟以治中毒者，得汁栗壳许，入口即差。

586. 根茎叶性不同

药有用根或用茎叶，虽是一物，性或不同，苟未深达其理未可妄用。如仙灵脾，《本草》用叶，南人却用根；赤箭，《本草》用根，今人反用苗，如此未知性果同否？如古人远志用根，则其苗谓之小草，泽漆之根乃是大戟，马兜零之根乃是独行，其主疗各别。推此而言，其根、苗盖有不可通者，如巴豆能利人，唯其壳能止之；甜瓜蒂能吐人，唯其肉能解之；坐拏能懵人，食其心则醒；楝根皮泻人，枝皮则吐人；邕州所贡蓝药即蓝蛇之首，能杀人，蓝蛇之尾能解药；鸟兽之肉皆补血，其毛角鳞鬣皆破血，鹰鹯食鸟兽之肉，虽筋骨皆化而独不能化毛，如此之类甚多，悉是一物而性理相反如此。山茱萸能补骨髓者，取其核温涩能秘精气，精气不泄乃所以补骨髓，今人或削取肉用而弃其核，大非古人之意，如此皆近穿凿。若用《本草》中主疗，只当依本说，或别有主疗改用根茎者，自从别方。

587. 天 竹 黄

岭南深山中有大竹，有水甚清澈，溪涧中水皆有毒，唯此水无毒，土人陆行多饮之，至深冬则凝结如玉，乃天竹黄也。王彦祖知雷州日，盛夏之官，山溪间水皆不可饮，唯剖竹取水，烹饪、饮啜皆用竹水。

次年被召赴阙，冬行，求竹水不可复得，问土人，乃知至冬则凝结，不复成水。遇夜野火烧林木为煨烬，而竹黄不灰，如火烧兽骨而轻，土人多于火后采拾以供药，品不若生得者为善。

588. 磁针指南北之异

以磁石磨针锋则锐处常指南，亦有指北者，恐石性亦不同，如夏至鹿角解、冬至麋角解，南北相反，理应有异，未深考耳。

589. 河　　豚

吴人嗜河豚鱼，有遇毒者往往杀人，可为深戒。据《本草》"河豚味甘温，无毒，补虚，去湿气，理腰脚"，因《本草》有此说，人遂信以为无毒，食之不疑，此甚误也。《本草》所载河豚乃今之鮧鱼，亦谓之鮠五回反鱼，非人所嗜者，江浙间谓之"回鱼"者是也。吴人所食河豚有毒，本名侯夷鱼。《本草》注引《日华子》云河豚"有毒，以芦根及橄榄等解之。肝有大毒。又（为）〔名〕鮧鱼、吹肚鱼"，此乃是侯夷鱼，或曰胡夷鱼，非《本草》所载河豚也，引以为注，大误矣。《日华子》称"又名规鱼"，此却非也，盖差互解之耳。规鱼浙东人所呼，又有生海中者，腹上有刺，名海规；吹肚鱼南人通言之，以其腹胀如吹也。南人捕河豚法，截流为栅，待群鱼大下之时小拔去栅，使随流而下，日暮狠至，自相排蹙，或触棚则怒而腹鼓，浮于水上，渔人乃接取之。

590. 零　陵　香

零陵香，本名蕙，古之兰蕙是也，又名薰，《左传》曰"一薰一莸，十年尚犹有臭"即此草也。唐人谓之"铃铃香"，亦谓之"铃子香"，谓花倒悬枝间如小铃也，至今京师人买零陵香须择有（零）〔铃〕子者，铃子乃其花也。此本鄙语，文士以湖南零陵郡，遂附会名之，后人又收入《本草》，殊不知《本草》正经自有薰草条，又名蕙草，注释甚明，南方处处有,《本草》附会其名言出零陵郡,亦非也。

591. 芦　　荻

　　药中有用芦根及苇子、苇叶者,芦、苇之类凡有十数种,芦、苇、葭、菼、薍、萑、蒹息理反、华之类皆是也,名字错乱,人莫能分。或疑(芦)〔薍〕似苇而小,则薍非苇也;(今)〔舍〕人云葭一名(华)〔苇〕,郭璞云薍似苇,是一物。按《尔雅》云“菼,薍;(苇)〔葭〕,芦”,盖一物也,名字虽多,会之则是两种耳,今世俗只有芦与荻两名。按《诗》疏亦将葭、菼等众名判为二物,曰:“此物初生为菼,长大为薍,成则名为萑;初生为葭,长大为芦,成则名为苇,故先儒释薍为萑,释葭为苇。”予今详诸家所释,葭、芦、苇皆芦也,则菼、薍、萑自当是荻耳。《诗》云“葭菼揭揭”,则葭,芦也;菼,荻也。又曰“萑苇”,则萑,荻也;苇,芦也。连文言之,明非一物。又《诗释文》云“薍,江东人呼之为乌蓲”,今吴中乌蓲草乃荻属也,则(信)〔萑〕、薍为荻明矣。然《召南》“彼茁者葭”谓之初生可也,《秦风》曰“蒹葭苍苍,白露为霜”,则散文言之,霜降之时亦得谓之葭,不必初生,若对文须分大小之名耳。

　　荻芽似竹笋,味甘脆可食;茎脆,可曲如钩,作马鞭节;花嫩时紫脆,老则白如散丝;叶色重,狭长而白脊;一类小者可用为曲薄,其余唯堪供爨耳。芦芽味稍甜,作蔬尤美;茎直;花穗生如狐尾,褐色;叶阔大而色浅;此堪作障席、筐筥、织壁、覆屋、绞绳杂用,以其柔韧且直故也。今药中所用芦根、苇子、苇叶,以此证之,芦、苇乃是一物,皆当用芦,无用荻理。

　　荻芽类似竹笋,味道甘甜爽口能食用;茎柔弱,能弯曲得像钩子,像马鞭那样有节;花刚开时紫色,长老了就发白如同散丝絮;叶子颜色深重,形状狭长而有白色的筋;有一种小的能用来做曲薄,其他只能当柴烧而已。芦芽味道较甜,作为蔬菜尤其好;茎是直的;花呈穗状像狐尾,褐色;叶片阔大而颜色浅;它能用于制作障席、筐筥以及编墙壁、盖屋顶、绞绳子等各种用途,因为它柔韧且挺直的缘故。现在药物中所用的芦根、苇子、苇叶,由此证明,芦、苇乃是一种东西,都应当用芦,没有用荻的道理。

592. 扶 栘

扶栘,即白杨也,《本草》有白杨又有扶栘,扶栘一条本出陈藏器《本草》,盖藏器不知扶栘便是白杨,乃重出之。扶栘亦谓之蒲栘,《诗》疏曰"白杨,蒲栘"是也,至今越中人谓白杨只谓之蒲栘。藏器又引《诗》云"棠棣之华,偏其反而",又引郑注云"棠棣,栘也,亦名栘杨",此又误也。《论语》乃引逸《诗》"唐棣之华,偏其反而",此自是小木,比郁李稍大,此非蒲栘也,蒲栘乃乔木耳。木只有〔常棣、有唐棣,无棠棣,《尔雅》云"常棣,棣也;唐棣,栘也",〕常棣即《小雅》所谓"常棣之华,鄂不韡韡"者,唐棣即《论语》所谓"唐棣之华,偏其反而"者,常棣今人谓之"郁李"。《豳诗》云"六月食郁及薁",注云"郁,棣属",即白栘也,以其似棣,故曰棣属,又谓之"车下李",又谓之"唐棣";薁即郁李也,郁、薁同音,注谓之蘡薁,盖其实似薁,薁即含桃也。《晋宫阁铭》曰华林园中有车下李三百一十四株、薁李一株,车下李即郁也、唐棣也、白栘也,薁李即郁李也、薁也、常棣也,与蒲栘全无交涉。《本草》续添郁李"一名车下李",此亦误也,《晋宫阁铭》引华林园所种,车下李与薁李自是二物。常棣字或作"棠棣",亦误耳,今小木中却有棣棠,叶似棣,黄花绿茎而无实,人家庭槛中多种之。

593. 杜若即高良姜

杜若,即今之高良姜,后人不识,又别出高良姜条,如赤箭再出天麻条、天名精再出地菘条、灯笼草再出苦葴条,如此之类极多。或因主疗不同,盖古人所书主疗皆多未尽,后人用久渐见其功,主疗浸广,诸药例皆如此,岂独杜若也。后人又取高良姜中小者为杜若,正如用天麻、芦头为赤箭也。又有用北地山姜为杜若者,杜若古人以为香草,北地山姜何尝有香? 高良姜花成穗,芳华可爱,土人用盐梅汁淹以为菹,南人亦谓之山姜花,又曰豆蔻花,《本草图经》云杜若"苗似

山姜,花黄赤,子赤色,大如棘子,中似豆蔻,出(峡山)〔硖州〕,岭南(北)
〔者〕甚好",正是高良姜,其子乃红〔豆〕蔻也,骚人比之兰、芷。然
药品中名实错乱者至多,人人自主一说,亦莫能坚决,不患多记,以广
异同。

594. 钩 吻 辨

钩吻,《本草》一名野葛,主疗甚多,注释者多端,或云可入药用,
或云有大毒,食之杀人。予尝到闽中,土人以野葛毒人及自杀,或误
食者,但半叶许入口即死,以流水服之毒尤速,往往投杯已卒矣,经
官司勘鞫者极多,灼然如此。予尝令人完取一株观之,其草蔓生,如
葛;其藤色赤、节粗,似鹤膝;叶圆有尖如杏叶,而光厚似柿叶,三叶
为一枝,如菉豆之类,叶生节间,皆相对;花黄细,戢戢然,一如茴香
花,生于节叶之间,《酉阳杂俎》言花似栀子稍大,谬说也;根皮亦赤,
闽人呼为"吻莽",亦谓之"野葛",岭南人谓之"胡蔓",俗谓"断肠
草"。此草人间至毒之物,不入药用,恐《本草》所出别是一物,非此
钩吻也。予见《千金》、《外台》药方中时有用野葛者,特宜子细,不
可取其名而误用,正如侯夷鱼与鯸鱼同谓之河豚,不可不审也。

595. 黄 环

黄环,即今之朱藤也,天下皆有。叶如槐;其花穗悬,紫色,如葛
花,可作菜食,火不熟亦有小毒,京师人家园圃中作大架种之,谓之
"紫藤花"者是也;实如皂荚,《蜀都赋》所谓"青珠黄环"者,黄环即
此藤之根也,古今皆种以为庭槛之饰。今人采其茎于槐干上接之,伪
为矮槐,其根入药用能吐人。

596. 栾 荆

栾有二种,树生,其实可作数珠者谓之"木栾",即《本草》栾花

是也；丛生，可为杖棰者谓之"牡栾"，又名黄荆，即《本草》牡荆是也。此两种之外，唐人补《本草》又有栾荆一条，遂与二栾相乱，栾花出《神农》正经，牡荆见于前汉《郊祀志》，从来甚久，栾荆特出唐人新附，自是一物，非古人所谓栾、荆也。

597. 紫　　荆

（柴）〔紫〕荆，陈藏器云"树似黄荆，叶小，无桠，夏秋子熟，正圆如小珠"，大误也。紫荆（与黄荆叶）丛生小木，叶如麻叶，三桠而小；黄荆稍大，圆叶，实如樗英，著树连冬不脱，人家园亭多种之。

598. 枳 实 枳 壳

六朝以前医方唯有枳实，无枳壳，故《本草》亦只有枳实，后人用枳之小嫩者为枳实、大者为枳壳，主疗各有所宜，遂别出枳壳一条以附枳实之后，然两条主疗亦相出入。古人言枳实者便是枳壳，《本草》中枳实主疗便是枳壳主疗，后人既别出枳壳条，便合于枳实条内摘出枳壳主疗别为一条，旧条内只合留枳实主疗，后人以《神农》本经不敢摘破，不免两条相犯，互有出入。予按《神农》本经枳实条内称"主大风在皮肤中如麻豆苦痒，除寒热结，止痢，长肌肉，利五脏，益气轻身，安胃气，止溏泄，明目"，尽是枳壳之功，皆当摘入枳壳条，后来别见主疗，如通利关节，劳气、咳嗽、背膊闷倦，散留结、胸胁痰滞，逐水，消胀满、大肠风，止痛之类皆附益之，另为枳壳条；旧枳实条内称"除胸胁痰癖，逐停水，破结实，消胀满、心下急痞痛、逆气"，皆是枳实之功，宜存于本条，别有主疗亦附益之可也。如此二条始分，各见所主，不至甚相乱。

续笔谈

599. 鲁肃简劲正不徇

鲁肃简公劲正不徇，爱憎出于天性。素与曹襄悼不协，天圣中因议茶法，曹力挤肃简，因得罪去，赖上察其情，寝前命，止从罚俸，独三司使李谘夺职谪洪州。及肃简病，有人密报肃简，但云"今日有佳事"。鲁闻之，顾婿张昷之曰："此必曹利用去也。"试往侦之，果襄悼谪随州，肃简曰："得上殿乎？"张曰："已差人押出门矣。"鲁大惊曰："诸公误也，利用何罪至此，进退大臣岂宜如此之遽。利用在枢密院，尽忠于朝廷，但素不学问，倔强不识好恶耳，此外无大过也。"嗟惋久之，遽觉气塞，急召医视之，曰："此必有大不如意事动其气，脉已绝，不可复治。"是夕肃简薨。李谘在洪州，闻肃简薨，有诗曰："空令抱恨归黄壤，不见崇山谪去时。"盖未知肃简临终之言也。

600. 道 理 最 大

太祖皇帝尝问赵普曰："天下何物最大？"普熟思未答间，再问如前，普对曰："道理最大。"上屡称善。

601. 养 鬼

杜甫诗有"家家养乌鬼，顿顿食黄鱼"之句，近世注杜甫诗，引《夔州图经》称："峡中人谓鸬鹚为乌鬼。"蜀人临水居者皆养鸬鹚，系绳其颈，使之捕鱼，得鱼则倒提出之，至今如此。又尝有近侍奉使过夔、(陕)〔峡〕，见居人相率十百为曹，设牲酒于田间，众操兵仗群噪而祭，谓之"养鬼"养读从去声，言乌蛮战殇，多与人为厉，每岁以此禳之。

又疑此所谓养乌鬼者。

602. 杨大年草麻

寇忠愍拜相白麻杨大年之词，其间四句曰："能断大事，不拘小节。有干将之器，不露锋铓；怀照物之明，而能包纳。"寇得之甚喜，曰："正得我胸中事。"例外别赠白金百两。

603. 悠然见南山

陶渊明杂诗"采菊东离下，悠然见南山"，往时校定《文选》改作"悠然望南山"，似未允当。若作"望南山"，则上下句意全不相属，遂非佳作。

604. 诗　谶

狄侍郎棐之子遵度有清节美才，年二十余，忽梦为诗，其两句曰："夜卧北斗寒挂枕，木落霜拱雁连天。"虽佳句，有丘墓间意，不数月卒。高邮士人朱适，予舅氏之婿也，纳妇之夕，梦为诗两句曰："烧残红烛客未起，歌断一声尘绕梁。"不逾月而卒。皆不祥之梦，然诗句清丽，皆为人所传。

605. 张咏还牒

成都府知录虽京官，例皆庭参。苏明允常言，张忠定知成都府日，有一生忘其姓名，为京寺丞知录事参军，有司责其庭趋，生坚不可，忠定怒曰："唯致仕即可免。"生遂投牒乞致仕，自袖牒立庭中，仍献一诗辞忠定，其间两句曰："秋光都似宦情薄，山色不如归意浓。"忠定大称赏，自降阶执生手曰："部内有诗人如此而不知，詠罪人也。"遂与之升阶，(直)〔置〕酒欢语终日，还其牒，礼为上客。

606. 王禹偁联谶

王元之知黄州日，有两虎入郡城夜斗，一虎死，食其半，又群鸡夜鸣，司天占之曰"长吏灾"。时元之已病，未几移刺蕲州，到任谢上表两联曰："宣室鬼神之问，绝望生还；茂陵封禅之书，付之身后。"上闻之愕然，顾近侍曰："禹偁安否，何以为此语？"不逾月元之果卒，年四十八，遗表曰："岂知游岱之魂，遂协生桑之梦。"

607. 观灯诗佳句

元祐六年，高丽使人入贡，上元节于阙前赐酒，皆赋观灯诗，时有佳句，进奉副使魏继(延)〔廷〕句有"千仞彩山擎日起，一声天乐漏云来"，主簿朴景绰句有"胜事年年传习久，盛观今属远方宾"。

608. 语情与诗意

欧阳文忠有奉使回寄刘(元)〔原〕甫诗云："老我倦鞍马，谁能事吟嘲？"王荆公赠弟(和)〔纯〕甫诗云："老我衔主恩，结草以为期。"言"老我"则语有情，上下句皆有惜老之意。若作"我老"，与"老我"虽同而语无情，诗意遂颓惰。此文章佳语，独可心喻。

609. 荆公戏改退之诗

韩退之诗句有"断送一生唯有酒"，又曰"破除万事无过酒"。王荆公戏改此两句为一字题四句曰："酒、酒，破除万事无过，断送一生唯有。"不损一字，而意韵如自为之。

历代笔记小说大观总目

汉魏六朝

西京杂记(外五种)　〔汉〕刘歆 等撰　王根林 校点

博物志(外七种)　〔晋〕张华 等撰　王根林 等校点

拾遗记(外三种)　〔前秦〕王嘉 等撰　王根林 等校点

搜神记·搜神后记　〔晋〕干宝 陶潜 撰　曹光甫 王根林 校点

世说新语　〔南朝宋〕刘义庆 撰　〔梁〕刘孝标 注　王根林 标点

唐五代

朝野金载·云溪友议　〔唐〕张鷟 范摅 撰　恒鹤 阳羡生 校点

教坊记(外七种)　〔唐〕崔令钦 等撰　曹中孚 等校点

大唐新语(外五种)　〔唐〕刘肃 等撰　恒鹤 等校点

玄怪录·续玄怪录　〔唐〕牛僧孺 李复言 撰　田松青 校点

次柳氏旧闻(外七种)　〔唐〕李德裕 等撰　丁如明 等校点

酉阳杂俎　〔唐〕段成式 撰　曹中孚 校点

宣室志·裴铏传奇　〔唐〕张读 裴铏 撰　萧逸 田松青 校点

唐摭言　〔五代〕王定保 撰　阳羡生 校点

开元天宝遗事(外七种)　〔五代〕王仁裕 等撰　丁如明 等校点

北梦琐言　〔五代〕孙光宪 撰　林艾园 校点

宋元

清异录·江淮异人录　〔宋〕陶穀 吴淑 撰　孔一 校点

稽神录·睽车志　〔宋〕徐铉 郭彖 撰　傅成 李梦生 校点

困学纪闻 ［宋］王应麟 撰 栾保群 田松青 校点

齐东野语 ［宋］周密 撰 黄益元 校点

癸辛杂识 ［宋］周密 撰 王根林 校点

归潜志·乐郊私语 ［金］刘祁 ［元］姚桐寿 撰 黄益元 李梦生
　　校点

山居新语·至正直记 ［元］杨瑀 孔齐 撰 李梦生 庄葳 郭群一
　　校点

南村辍耕录 ［元］陶宗仪 撰 李梦生 校点

明代

草木子(外三种) ［明］叶子奇 等撰 吴东昆 等校点

双槐岁钞 ［明］黄瑜 撰 王岚 校点

菽园杂记 ［明］陆容 撰 李健莉 校点

庚巳编·今言类编 ［明］陆粲 郑晓 撰 马镛 杨晓波 校点

四友斋丛说 ［明］何良俊 撰 李剑雄 校点

客座赘语 ［明］顾起元 撰 孔一 校点

五杂组 ［明］谢肇淛 撰 傅成 校点

万历野获编 ［明］沈德符 撰 杨万里 校点

涌幢小品 ［明］朱国祯 撰 王根林 校点

清代

筠廊偶笔 二笔·在园杂志 ［清］宋荦 刘廷玑 撰 蒋文仙 吴法源
　　校点

虞初新志 ［清］张潮 辑 王根林 校点

坚瓠集 ［清］褚人获 辑撰 李梦生 校点

柳南随笔 续笔 ［清］王应奎 撰 以柔 校点

子不语 ［清］袁枚 撰 申孟 甘林 校点

阅微草堂笔记 ［清］纪昀 撰 汪贤度 校点

茶余客话 ［清］阮葵生 撰 李保民 校点